JN439696

이슬을 먹고 자란 풀벌레는 투명하다

이슬을 먹고 자란
풀벌레는 투명하다

이 수 시집

신아출판사

| 시작하면서 |

서정抒情이 가슴속에서 자라고 있었습니다.

생활에 쫓기면서 어설프게나마
영혼을 살린다는 사명에 전념한다고
생각들을 억눌렀을 때, 생각이 그리 아파했던 것을
한참 나중에야 알았습니다.

아직도 덜 익었지만
그래도 뭔가를 적어놓고 싶어서
지울 수 없는 말言語들이 가슴에 맴돌아서
시를 그리기 시작했습니다.

인생을 말한다는 것이
내게조차 부끄럽지만
저물어가는 삶의 이랑에서
절망을 지우고 희망을 말하고 싶었습니다.

아직 살아갈 시간들이
조금이라도 남았다고 하는 자체가
내게는 희망입니다.
그래서 맑은 희망을 이야기하고 싶습니다.

나는 한세월을 풀벌레처럼
외진 그늘에서 혼자 하늘만 보고 살았습니다.
하늘에서 함초롬히 내린,
이슬을 먹고 자란 풀벌레는 투명합니다.

이제는 풀벌레 울음으로 맑은 시를 쓰고 싶습니다.

내장산 끝자락에서
이수以脩 올림

서시序詩

아침 하늘이 십자가 종탑 위에
펼쳐질 때면 나는
투명한 이슬 머금은 풀벌레처럼
하늘의 언어를 기다린다.

하늘의 소리,
오늘의 만나처럼
햇살에 금방 스러질지라도
시를 쓰고자
맨 손으로 내 영혼을 긁적거린다.

맑은 노래,
부끄러움 없는 몸짓으로
잘 익은 한 마디가
태어나기를 기다린다.

시를 그린다.
사랑을 노래하는 마음으로
살아있는 모든 날을

오늘도 시를 쓰고 싶다

이슬을 먹고 자란 풀벌레는 투명하다

어디서 오는가,
저 맑음은

하늘에서 내려
풀잎에 맺힌 물방울 하나
울음이 되고

서러운 울음 먹은 풀벌레
속이 환히 보이는 노래 부른다
맑게 살자고,
하늘의 언어로

이슬을 먹고 자란 풀벌레는 투명하다

풀벌레의 노래는 맑은 시가 된다.

목차

제1부 시가 있는 풍경

제2부 꽃들의 미소

제3부 나무들의 속삭임

제4부 산과 바다 그리고 하늘

제5부 가을 연가戀歌

제6부 사람들의 이야기

목차

제 1 부
시가 있는 풍경

시가 태어난다는 것은 죽음이었습니다
죽지 않고서야 어찌 시의 탄생을 기대하겠습니까?
죽도록 노래하고
죽을힘을 다해 울어도
죽지 못함이 너무 한스러워
광활한 벌판을 방황하고 산을 넘습니다
시를 위하여

시를 위하여

한세월 노래했어도 노래되지 못하고
울 만큼 울었어도 울음되지 않으니
이젠 울지 않고 노래 부르지 않으려 해도
가슴속에 웬 한恨이 이리도 많은지
노래하지 않을 수
울지 않을 수 없습니다.

빌어먹은 시를 안 것이 화禍일 것입니다
시를 몰랐다면 노래하지 않았을 것을
울지도 않았을 것을
울며 부른 노래가 시로 부활하라고 무척이나
몸부림쳤지요, 시를 위하여

시가 태어난다는 것은 죽음이었습니다
죽지 않고서야 어찌 부활을 기대하겠습니까?
죽도록 노래하고
죽을 힘을 다해 울어도
죽지 못함이 너무 한스러워
광활한 벌판을 방황하고 산을 넘습니다.
시를 위하여

경칩

언 땅 헤치고 튀어나온 철없는
개구리에게는
힘든 뒤척임이 있었을 것이다

어둠을 제치고 새벽을 여는
이른 아침에게는
기쁜 두근거림이 있었을 것이다

나뭇가지에 잠시 앉았다가 날아오른
작은 새에게는
가벼운 움츠림이 있었을 것이다

미루나무 가지를 뚫고 피어나는
여린 꽃 이파리에게는
소슬한 바스락거림이 있었을 것이다

따뜻한 엄마 손잡고 첫 등교하는
초등학교 1년생에게는
두려운 설렘이 있었을 것이다

이슬같이

풍요로운 식탁 앞에서도 배고플 때가 있고
우물가에 앉아서도 갈증 느낄 때가 있고
군중 속에서도 고독한 것은
그 이유를 알 수 없는 패션*입니다

(물 한 모금 마시고 하늘을 쳐다보고)

병아리마음을 잃어버리고 어미닭을 꿈꾸었기에
나만 보고 너를 생각하지 않기 때문입니다

아침 이슬이 풀잎에 맺혀 반짝인다
하늘을 보고 방긋 웃으며
나를 본다, 맑은 마음으로

아침 이슬이 조용히 속삭이는 말은
마음 씻고 나를 비우고
하늘을 바라보라고 절 닮으란다

아침 이슬에게는 욕심이 없습니다.
곧 사라질지라도, 미련 없이 미소 짓고
맑은 세상을 만들어가면서 말입니다.

* La passion : 정념情念 혹은 사념思念이나 사유思惟.

물속에 봄의 두근거림이 있다

봄날 아침에 하얀 안개 밟으며 거닐다가
호수에 깔린 살얼음 살짝 녹아나는 걸 바라보는데
흔들림이 없는 아침고요가 물 위에 감도는 순간
알 수 없는 누군가가 조용히
물속에 봄의 두근거림이 있다고 말한다

봄은 물속으로 오는 것이 아닌가,
생각하고 있는데
아침햇살이 슬며시 물 위를 훑고 지나가는 것이
봄의 잉태를 알리는 듯하기도 했다
내 아내가 첫아이 잉태하던 순간의 감격이 떠올라
가슴이 거침없이 두근거리기만 하는데

봄의 두근거림이 물빛으로 가만히 찾아오는 것을
내 심장으로 느낄 수 있었다,
환한 꽃 피워낼 봄이 물속에 있다는 것도

봄의 숨결은 말없는 미소로
여린 박동일 뿐, 소리 없는 수줍음
두근거림이고 깊은 느낌이다

물이 있는 풍경

물은 낮게 더 낮게, 낮은 곳으로 흘러야만 했다
일정한 모양도 가지지 않고, 적시는 흔적으로만 있다

무엇을 만나면 비켜줘야 했고, 누가 막으면 멈춰서야 했다
주체 없이, 담기는 그릇이 되기도 하고
아무런 고집 없이, 한낱 휘감김으로만 살아야 한다

어쩌다가 뿌리를 만나면 스며드는 것이 생生의 전부,
스며드는 순간, 잎이나 줄기 되어 꽃이 피고 열매가 된다
물의 미소, 물이 있는 풍경
환한 얼굴로 한생애를 소비하면서 살아왔을 것이다

눈부신 아침이 열리면 해님이 따라 웃는,
삶을 증발시키는 여행으로
구름이 되었다가 비가 되기도 하고
대지를 적시는 생명이 된다.

물의 신비

나는 빨래터에 앉아 흐르는 물을 바라본다.

물은,
근원을 알 수 없는 평화
안락감安樂感
고요하고 잔잔한 호수
바다이고 강이나 실도랑으로

(흐른다)

가끔 뒤집어지기도 하고 거칠게 흔들리기도 하지만

물은,
어머니의 자궁 같은 풍요와
고요한 안식 그리고 생명의 숨결,
낳고 기르는 어머니

생명을 잉태하는 물은 빛을 머금고
흐르기를 계속한다.

봄[春/視] 움직임

처마 끝에 매달린 고드름 아침 햇살에 반짝이며
방울방울 녹아내리는 것을
보았습니다,
온 지붕 덮고 있던 하얀 눈이불
스멀스멀 움직이는 것을.

내 마음 따스해지면서
잠가두었던 몸 빗장 열리고
누구든 들어오기를 바라는 것을
보았습니다,
서서히 움직이면서 허물어지는 것을.

그때, 십자가 종탑에서 하늘의 은총
고운 봄빛이 소리 없이 아른거리는 것을
보았습니다,
봄은 조용한 움직임으로 오는 것을.

행복은 봄나물같이

그대 행복을 보았습니까?
만져보기나 했습니까?
행복을 본 사람은 없습니다.
만져지지도 않는

그래도 행복은 있습니다.
행복한 사람만이 느끼는 행복이

그대, 살짝 뒤돌아보세요.
행복은 먼데 있지 않고, 바로 그대 등 뒤에
그대의 손길에 마음에 있습니다.

행복은 봄나물처럼 나직한 곳에 꼼지락거리며 그대의 손길에
만져지기를 기다고 있지요 행복은 만들어지는 것입니다 쑥부쟁
이처럼 끈질기게 돋아나면서도 봄바람에 여리게 떨며 흔들리는
작은 미소로 가슴에서 돋아나는 쌉쌀한 봄나물 같은 것입니다.

그때는 그때를 몰랐다

봄에는
꽃의 아름다움을 몰랐다
봄이 되면 으레 꽃들이 피어나는 줄 알았다
꽃이 진 여름에야
봄이 아름답다는 것을 알았다

여름에는
녹음의 싱그러움을 몰랐다
젊으니까 지천으로 젊음이 우거지는 줄 알았다
낙엽이 지는 가을에야
여름이 푸르렀다는 것을 알았다

가을에는
사랑의 열정을 몰랐다
만났으니까 그저 사랑을 주고받는 줄 알았다
사랑이 떠난 후에야
가을이 그립다는 것을 알았다

겨울에는
백설의 순결을 몰랐다
세상에는 비밀이 있고 숨겨지는 줄 알았다

봄볕에 눈얼음 녹아 시커먼 세상이 드러난 후에야
겨울이 깨끗했다는 것을 알았다

다만 그때는 그때의 아름다움을 모를 뿐이다
지난간 후에야 그때의 아름다움을 안다

흙에 대한 잠언箴言

세상에 흙같이 만만하고 천한 놈은 없다
이놈 저놈에게 짓밟혀 굳어졌다가도
비만 오면 녹녹하게 녹아내리는 것이
부드럽고 정겨워서 이렇게 좋을 순 없다
흙은 태반이고 생명의 자궁이다,
뭇 생명들을 낳고 기르는 어머니
하나님이 사람을 흙으로 만드셨다고 하는데
그래서인지 몰라도 사람은 죽어서 흙으로 돌아간단다.
흙은 세상을 품는다, 밤과 낮을 품고
씨앗도 우물도 사람까지 모두 품었다
흙에서 소리가 난다, 사계절 생명의 소리가
그러면서도 흙은 고요하다
세상의 시끄러운 소리들일랑 다 먹어치운다
그러다가도 흙이 흥분할 때가 있다
지진으로 뒤틀기도 하고 화산으로 불을 토하는.
그러니 우리, 흙을 화나게 하지 말자
흙은 겸손하다 가장 낮은 데 있다
흙은 마지막에 사람이 돌아갈 안식의 고향이다.

싸리문

있으나마나한 문
언제든 잠길 줄 모르는
살짝 열려 있는

어머니의 마음
채송화같이 나지막한 자리에
과꽃처럼 피는

자식들 오지 않아도
열어 놓은
기다리는 마음의 문

장독대

거기에 어머니의 푸른 꿈이 있었지
간장 된장 고추장 우려내며
자식들 잘되기를 기다리는
옹골찬 꿈이

거기에 어머니의 붉은 사랑이 있었지
매만지고 반짝반짝 닦아내며
자식들이 바로 되기를 바라는
갸륵한 사랑이

거기에 어머니의 하얀 겸손이 있었지
항상 낮게 있어 자라지 않으며
자식 앞에서도 굽은 허리 펴지 못하는
야트막한 겸손이

나무책상

초등학교 일학년일 때 앉았던
나무책상은, 초등학교 육학년 때 앉던
책상 그대로다

나무책상은 자라지 않는
항상 자그마한 그 모습 그대로
앙증맞게 웃으며 그냥 있다

나무책상에게는 꿈이 있었다
나를 자라게 하고
내 마음도 크게 키우는

낙서와 상처투성이의 나무책상은
아무 투정도 없이
세상을 향하여 눈을 뜨고 있다

나는 나무책상에서
나를 배우고 세상을 배우고
사람 살리는 꿈을 키웠다

나무책상은 나의 어머니다

밥

'밥' 하는 소리, 즐겁게 들린다 전자 밥통에서 지글지글 밥 끓는 소리가 힘차게 나더니 아내가 밥 먹으란다 어쩌면 밥 먹기보다 쉬운 일이 없는 것 같다가도 밥을 목구멍으로 슬며시 넘길 때에는 창자가 꿈틀거리다가 밥, 하는 소리에 잠시 멈추고는 고민한다 밥은 썩어 문드러지기 위하여 씹혀야 하니 누군가를 살리기 위하여 죽어야 한다니 세상에 누가 죽고 싶은 사람이 있겠는가? 그래도 밥이 하늘이다 밥하는 소리가, 여기저기서 들리고 하루 세 끼가 절박하게 느슨하면서도 그득하게 담겨야 한다 사람들은 먹고 살기 위하여 촛불을 든다지만 촛불 때문에 못 먹고 사는 사람도 있고 밥 때문에 도둑질도 한다지만 그러다가 밥 때문에 죽기도 한다는데, 그릇에 심란하게 담긴 밥은 소리도 없이 눈물 흘리며 먹히기를 기나리는네 나는 밥을 못 먹겠다 오늘도 집집마다 밥이 식탁에 올라앉아 울고 있는데 밥은 한나절 사람들에게 먹히기를 바라고 밥을 즐겁게 먹을 수 없는 내가 슬프다 이 갸륵하고 슬픈 밥을 꼭 하루 세끼씩 먹어야 하는가?

밥 먹으며

나는 경건하게 무릎 꿇고
밥을 떠서
입에 처넣으며 기도한다.

'오, 밥이 되신 주님이여!
오늘 내게 오셨으니
나를 먹으소서.
나도 밥이 되어 주님께 먹히오니
사람들이 나를 먹고 영원히
살게 하소서.'

밥은 생명을 위한 양식
봄 여름 가을날 땡볕에서 알알이 익은
그 엄숙함에 고마움을 아는 것이
겸손한 마음일리니

먹고 먹히는 화육化育,
그 거룩한 식사는 생명을 살리는
고요한 십자가의 길이다

밥상 앞에서

밥상을 앞에 놓고 기도할 때마다
나는 밥에
얼굴을 처박고 밥 속으로 들어간다.

내가 밥을 먹으면 밥이 된다.

(다 먹고 살려는 짓이야)

나는 사람들의 밥이다
지금까지 먹히며 살아왔고
또 먹히면서 살 것이다
다, 먹고 살려고 하는 짓이니까

밥그릇에 대한 명상

나는 내 그릇이 비워지기를 날마다 기도한다.

그릇은 안과 밖으로 나뉘어
밖은 안을 품고
안은 밖을 배신한다,
담은 것 모조리 내주려고 입 벌리고

나는 내 그릇을 빛으로 채우고자 한다.

그릇의 중심에서 빛이 반사하여
한 원圓을 만들고, 원은
영원을 그리며 절제節制와 균형均衡*을 이루어
평화로워진다.

내 그릇이 비우기를 마치는 날에는 허물어질 것이다.

그릇은 영원을 그리면서도,
영원하지 않고 허망하게 익는 날
그릇은 영원을 안고
지워지면서 흙속으로 사라질 것이다.

* 오세영의 시 「그릇 1」에서 차용함.

버려진 냉장고

독거노인을 방문하고 돌아오는 길에
버려진 냉장고 하나
누런 오줌 지려 놓고
가슴마저 벌렁 열어젖힌 채
잦은 숨 벌렁벌렁 내뱉으면서
맥빠진 코드 길게 늘여놓고 있다

한때 자본주의로 가득 채우고
사막 같은 세상에서
새끼들을 싱싱한 먹을거리로
배불리느라
냉기를 속으로 삼키며
제 심장까지 태우면서 살았지

이제는 쓸모가 없어
인적 드문 골목에 버려진 폐선廢船으로
정박할 포구도 잃어버린 채
허기진 배 움켜쥐고
애곡하는 자식도 없는 상여에
실려 갈 날만 기다리고 있다

슬픔보다 더 슬픈 것

사람에게는 본래 슬픔이라는 게 없었나 보다,
살다 보면 슬픈 일이 생기지만

슬픈 일 당해도 굶지 못하고 질근질근 밥 씹어야 하고
슬픔일랑 잠시 밀쳐놓고, 오가는 사람 인사도 해야 하고
때로는 무슨 말도 해야 하고
슬픔과 타협을 거부한 채 눈물을 닦아내기도 하지만
하늘을 쳐다보고 찡그리며 웃을 때도 있더라.

슬픔이라는 것은 낙엽 같아서 바람 불면
푸석푸석 떨쳐지네요.
슬픔은 흐르는 강물 같아,
얕을 때는 억세게 소리 내다가도
깊으면 눈물까지 먹어버리거든

사는 것보다 더 슬픈 게 세상에 어디 또 있겠느냐만.

빈집

뉘엿뉘엿 져가는 가을햇살을 업고 길을 가다가
빈집 하나 있어 들어가 보았지
서까래는 내려앉고 창문조차 다 떨어져나간
아무도 살지 않는 집, 거미마저 저만치
찢어진 집을 휑하게 비워놓고 나빌리고 있다

누구라도 들어서기에 좋은 여백餘白
가을을 가는 나그네에게
비워놓은 집은 잠시
마음이라도 내려놓을 수 있는 공간
고향에 온 것 같은 마음의 집이 된다

누군가 그랬지,
'있어도 없는 듯이, 가득 차도 빈 듯이'* 하라고
빈집은 있으면서도 없는, 향수로 채워진
가득하게 빈 집이 되어
지나가는 나그네를 살갑게 맞이하고 있다

나는 가끔은 빈집이 되고 싶다

* 『論語』에 나오는 말 : 有若無 實若虛

나도 행복해질 수 있다

내가 외로울 때
조용히 손을 내밀면 내 손
잡아주는 이가 있다

내가 괴로울 때
조용히 뒤돌아보면 내 등
다독이는 이가 있다

내가 슬플 때
조용히 하늘 바라보면 내 슬픔
거둬가는 이가 있다

내가 눈물날 때
조용히 거울 바라보면 내 눈물
닦아주는 이가 있다

작은 일에도 내 손이 따뜻해진다는 것을
시린 가슴 뜨겁게 데워진다는 것을
이 버거운 슬픔 거두고 눈물이 지워진다는 것을
내가 알기까지는 긴 시간이 필요치 않았다

나도 행복해질 수 있다
사랑하는 당신, 주님이 계시니까

나여, 이제 그만 아파하렴.

무덤들의 저수지

하루 종일,
내를 따라 걸어가다 보면 저수지가 나오는데
물결들만 없었더라면,
그 곳이 한없이 깊은 무덤인 줄 알았다.

뼈만 남은 물고기들이 고요히 헤엄치고
다 갉아 먹힌 뼈다귀들만
흔들리면서도 무슨 한恨이 더 남았는지
출렁이는 상처들로 가득하다.

깊은 그림자 보듬고 거꾸로 처박혀 있는 산들이
배가 고프다고, 아직도 배곯고 있다고 아우성이다.

글썽이는 눈동자로
저수지에 떠 있는 봉분封墳들
불안한 눈빛으로 변화무쌍한 생각들로
제 얼굴을 흠뻑 적시고 있다.

저수지가 고요하기를 바란 것은 나의 욕심이었을까
이제는 조각배 하나 띄우고 싶은 마음마저
버려야 하겠네
영구차들만 질주하는 도시 저수지는 오늘도 시끄럽다

도시 나그네

건널목 건너
도시 길

빌딩 숲 사이를
가는 사람들

길 가는 사람마다
불타는 침묵

회색빛 거리를 걸어가는
무채색 나그네

겨울은 따뜻하다

포근한 솜털 같은 눈을 퍼 붓는
겨울은 따뜻하다

끝이 안 보이는 하늘
별들이 숨어 사는 하늘 오두막에서
도란도란 이야기꽃 피우는
겨울은 따뜻하다

북풍이 지나간 새벽 거리
하얀 눈은 쌓이고
검둥개 혼자 밟고 지나간 골목길에
햇살이 웃으며 찾아드니
겨울은 따뜻하다

외양간 암소 허연 입김 내뿜으면서
세월을 되새김질하고
이불 속 할머니 외손자 등 다독이며
옛이야기 들려주니
겨울은 따뜻하다

가난한 겨울은 이렇게 따뜻하다

제 2 부

꽃들의 미소

꽃에는 살인의 흔적이 있다
달콤한 독이 든 혓바닥
가냘픈 입술의 칼날
향기 가득한 죽음의 잔
사랑으로 피어나는 꽃은 모두 독약이다

눈꽃

겨울은 참 서러웠습니다.
세상을 춥게 하고
사람들을 얼어붙게 하고
오는 봄을 시샘한다고 하기에

겨울은 너무 추웠습니다.
세상을 따뜻하게 하고
사람들의 마음을 녹이려고 오는
봄을 당길 수 없을까 하면서

그래서 겨울은 별이 되었습니다.
초가집 처마 고드름 반짝이며 녹이기도 하고
시골 소녀 눈망울에 꿈이 되기도 하고
개밥바리기별로 강아지 배 채우기도 하고

그래서 겨울은 꽃이 되었습니다.
양지바른 곳 노루귀, 변산 바람꽃 이파리에
져버린 꽃대궁 위에 살짝 내려앉아
하얀 꽃으로 피어났습니다,
사람들이 기다리는 봄을 위하여

노루귀

봄비 촉촉이 내리던 어느 날 아침에
바람에 끌려 변산邊山에 갔더니
축축하게 쌓인 낙엽 사이로 점점이 하얗게
작은 요정이 피어나고 있었지요.
다른 꽃들 미처 겨울잠에서 깨어나기도 전인데
봄바람과 사랑하다가 들켜버린 바람꽃,
솜털 보송보송 날리는 부끄러움으로
산골짜기 바람맞이에 피고 있네요.
덧없이 짧게 피기에 배나 아름다운 수줍음으로
부끄러움 삼키는 봄 새아기 순박함이여!
산허리 달리는 노루가 그리웠나요?
가는 꽃대궁에 매달린 주뼛주뼛한 그리움이여!
야생동물 피해 독을 머금은 생존방식生存方式
꽃샘추위 씹으면서 곱게 피는 삶의 그윽함이여!

봄꽃 바람끼

누가 피우라고 하지 않아도 피고
혼자 피었다가 아무에게나 웃음 주는 봄꽃,
너는 끼가 있는 것 같다
네가 그리 헤픈 줄은 예전에 미처 몰랐다
아무에게나 벙긋거리며
이곳저곳에서 웃음 파는 네가
얄미워지는 것은 무슨 까닭인가?
나 혼자만 너를 사랑하고
갖고 싶은 것은 욕심이겠지
서로 함께 나눌 수 있다는 것이
좋긴 하지만, 너만은 싫어
너의 미소와 향기를 나만이 껴안고
보고 싶은 봄꽃 너, 아름다운 사람아!

꽃에서 자란 벌레에게는 향이 있다

벌레의 소리를 들으려고
꽃밭에 누우니

꽃에 취해
자지러지는 벌레가 있더라.

꽃에 젖어
꿀을 흠뻑 빠는 벌레가 있더라.

꽃에서 자란 벌레에게는 향이 있다

불그스레한 얼굴에 꽃 그림자 덮이고
꽃향기 배어나니
이게 꽃인가 벌레인가

꽃 속에 사는 벌레에게 햇볕 비치니
노래가 있고 춤이 있고
하늘에 무지개를 그리는 꿈이 있더라.

모란꽃은 향이 없다

긴 겨울,
차가운 대지 위에서
그리움까지 빠는 목마름으로
오늘을 기다렸다

이 봄,
훈풍에 풀들이 꽃을 피우니
꽃, 아니 필 수 없어서
가슴 터지는 함성으로 크게 벙글었다

그리움마저 말라버린 가슴으로
동정同情을 잃은 모란은
벌나비도 찾아오지 않는 외로움에
이젠 아무도 그리워하지 않기로 했다

모란꽃에게는 향기가 없다

명자꽃

어여쁘면서 수줍은, 도도하면서 겸손한 꽃 한 송이,
터질 듯 가슴 부풀리는 저 봉오리
청초하고 은은한 향기로 피어났지만

예수같이 죄 없이 죄인으로 쫓겨나
울 밖에서 울고 있는 꽃,
집 안에 심으면 귄 집 딸 바람난다는 꽃.

분홍 얼굴 붉히다가 빨강으로 가슴 태우고
하얀 마음을 지니는 봄처녀
상스럽게 요염하지도 촌스럽지도 않은
적당하게 곱고 적당하게 향기로운 꽃.

봄비 머금은 미소 짓는 가련한 아가씨 꽃,
외롭다 무리지어 가지에 주렁주렁 매달렸어도
낯선 세상에 꽃샘추위 매정스럽게 흔들어대고
촉촉이 젖은 눈빛으로 오실 임 기다리는 꽃.

채송화

울밑에 채송화는 뽐내지 않아요
작지만 서럽지도 않아요, 예쁘니까
혼자지만 시샘하지 않아요, 고우니까
피어남에 감사할 줄 알아요, 생명 있으니까
힘주어 활짝 웃고 있어요, 자랑스럽게

장독대 낮은 자리에 피어난 채송화
우리 어머니 같아요
후미진 곳에서도 마냥 웃고 있는
노란 겸손, 빨간 간절,
하얀 정갈함으로 곱게 피어나고 있어요

하얀 찔레꽃

사람들이 이젠 꽃 보기에 지쳤나 봅니다.
열정 토하는 붉은 진달래와 철쭉
뜨겁게 가슴을 태우는 빨간 넝쿨장미
그러더니 어느덧
진한 녹음에 온통 눈길을 빼앗기고 있습니다.

나 같은 건 봐주려 하지도 않지요
나는 처음부터 색이 없었어요
그저 하얀 얼굴로 수줍기만 하고
있을 자리조차 없어
뒤뜰 담장에 숨어 있었습니다.

그런데 아, 이건 또 어디서 오는 향기입니까?
진한 아까시 꽃향기
사람들의 마음을 사로잡기에 충분합니다.

밀려오는 외로움 나른한 졸음에
나를 내려놓고
향기도 없는 순백의 얼굴빛으로
색깔이 없는 연한 속살로
하얗게 담장 뒤에 숨어 있습니다.

망월동 들꽃

광주의 들꽃들이 흔들리면서
오월의 햇살에 춤을 추었다는 것을
그 향기 푸른 구름이 되어서
화창한 꿈을 꾸었다는 것을

망월동 언덕에
한을 품고 누워 있는 들꽃들은 알지

민주를 외치며 가슴 터지는 울분을
절절이 쏟으며 스러져갔다는 것을
시내처럼 흐르는 피를 거리에 토하며
차곡차곡 눕혀졌다는 것을

아직 덜 익은 민주화가 얄밉고
정장의 까마귀들의 음흉한 수작은 여전하고
청순한 꽃들은 분향焚香을 포기한 채
세계와 한반도를 뿌옇게 덮는 안개인 것을

두 눈 부릅뜨고
가슴을 치며 잠든 들꽃들은 알지

피향정 연못에서

수천 년 세월을
피향정* 그늘에 가려진 진흙 속에 묻혀
숨을 죽이고 살아온 연蓮의 하얀 뿌리,
또 다른 천년을 기다린다
썩지 못하고
화석도 되지 못한 채

진흙탕 위에 연분홍 꽃대궁
뿌리외로움을 밀어내기 위한 수작인 것을
우글우글 들끓는 생명의 한恨을
가련한 미소로 하늘 이고 흩날리며
한없이, 한없이
고요한 그 순간을 기다리지

검붉은 인고를
저 하늘 흰구름에 실려 보내는
속세를 털고 일어서는
부처의 속살을 품은 연분홍 꽃으로
피어날 그 날
그 날을 기다리지

* 피향정(披香亭) : 전북 정읍시 태인면 태창리에 있는 보물 제289호로 호남 第一義 亭子다. 이 정자의 앞뒤로 上·下 蓮池에 연꽃이 피고 통일 신라의 최치원(崔致遠 857-?)이 태산의 군수로 있을 때에 이 연못가에서 시를 읊었다는 기록이 있다. 이 정자는 조선 중기에 건립된 것으로 알려지고 있다.

연꽃 진 자리

연꽃 대궁 꺾어지고 부러진 자리
바람마저 머물 수 없어
황망하게 떠나가 버리니
그 곱던 연꽃은 어디로 갔는가?

그리 화려하지도 않고
향기마저 옅고 은은했는데
어떤 시샘이
저리도 참담하게 짓밟아버렸는가?

인생은 잔인하도록 허망한 것
세상에서 잠시의 아름다운 영화도
이렇게 자지러지는 것을
서걱거리는 아픔을
진흙 속에 깊이 숨겨야 하리

능소화

더위를 이고 여름풍경이 찾아올 때,
나무 밑 평상 위에 누워서 모과나무를 바라보다가
그만 벌떡 일어나 몸가짐을 바로 해야 했다
소담하게 피어난 붉은 꽃, 수줍게 매달려 있는데
줄기 타고 오른 화심花心은 천하지 않다
고품격 꽃잎을 다섯 장 통으로 단 채
양반집 아낙으로 단정한 옷매무새하고
꽃등 밝히며 집안을 환히 비취고 있는
담 안에 살면서 바깥세상을 모르는 꽃
조선의 여인, 능청스레 세상을 곁눈질한다
한낮 더위에 얼굴 발갛게 데워지는데
꽃의 미모, 쓸쓸하게 숨어 있다
한여름 더위가 귀족 꽃에게 자리를 내 준다

금잔화

태양을 머금은 황금 술잔으로
긴 여름을 태우는 꽃
외롭게 기다리고 또 기다려도
그리운 임은 오지 않고
이제는 초록 우산 아래에
낮은음자리표에 내려앉아야 하는
슬픈 사연의 전설이 되는 꽃이여!

작열하는 태양으로 달구어져
온몸에 품은 사랑의 묘약을 어찌하려는가?
진혼미사로 너를 보내나니
시퍼렇게 잦아드는 자리에서라도
황금 술잔을 마냥 쏟아 부어
병든 땅을 치료하려무나.
혼자 피었다 혼자 지는 노란 꽃이여!

달맞이꽃

달맞이꽃이 달밤에 피는 것은
달이 보고 싶어서가 아니라
당신이 보고 싶고 샛노란 마음 보여주고 싶어서

어스름 저녁에 저수지 둑 돌계단에
달맞이꽃 되어 당신을 기다리는 것은
당신을 만나고 싶어서

달 밝은 밤 당신과 어깨동무하고 걷기도 하고
저수지에 조각배 띄우고 노 저으며
달맞이꽃 하나 띄우고 나 하나 띄우고
당신에게 깊숙이, 깊숙이 자맥질하고 싶어서
잔잔한 물결로 당신에게 흘러들고 싶어서

달맞이꽃이 달밤에 피는 것은
달을 가슴에 닮기 위해서
내가 달을 좋아하는 것은 달 속에 당신 담고
당신 속에 내가 담기기 때문입니다

여름 꽃

여름 꽃은 희다
아까시 꽃 찔레꽃이며 이팝나무 조팝나무 백당나무까지
모조리 하얀 꽃을 피우고 있다

왜 그럴까? 지난 봄, 붉고 노란 꽃에 진저리났나?
아니면 옛날, 4월 5월에 죽은 넋을 달래는 진혼鎭魂인가?

전봉준이 걸어간 황톳길 굽이 걸어온 사내,
이승과 저승 넘나들면서 내뿜은 아득한 현기眩氣에
스멀스멀 희어진 머릿결인가?

초여름 녹음 짙은 산하山河에 소담하게 펼쳐놓은 그 고요함에,
머리 숙이며 경건한 마음으로 옷깃을 여민다

엉겅퀴꽃

여름이면 한반도의 웬만한 들녘을
자줏빛으로 물들이는 게 엉겅퀴꽃이다
'건드리지 마세요.'라는 꽃말을 가진 잡초 같은 들꽃
다소 긴 줄기에 붙은 가시가 공격적이기도 해서
누구하고도 한번 엉기면 안 떨어지려는 고집이 있다
꽃이라기보다는, 드센 줄기가 전부인 집념의 풀꽃
어쩌면 나를 닮은 것 같다

(나를 건드리지 말라 폭발한다)

웃는다고 얕볼 수 없는 뚝심,
순하게 살고파 들꽃으로 피어났으나 지금은
거친 세상에 지쳐 자줏빛으로 붉게 타올라
작은 꽃망울로 울분을 사르고 있다

산야山野에서 밟히며 사는 풀꽃이라도
소중히 여겨다오.
들풀이라도 꽃 피우는 마음이 아름답다

나무 백일홍

영안실 뒤뜰에 폐허처럼 들어앉은 나무 백일홍, 누가 꽃이 아니랄까 봐
죽어라고 붉디붉은 꽃 주렁주렁 매달고
오래된 풍금같이 찢어진 소리를 내뱉고 있다

왜 백일이나 꽃을 피워야 하냐?
전생에 못다 한 한恨, 푸른 밤하늘 절벽 같은 달을 떠올리며
마른 저수지처럼 물이 그리워 사랑이 그리워 진혼미사를 드리고 있다

사랑을 앓던 젊은 여인 나무 백일홍 가지에 노란 손수건을 매달고
뒤도 안 돌아보고 달아는데, 경수 쏟아내고 가는 발자국이
선홍빛을 피 토하고. (내일은 아무래도 비가 올 것 같다)

마른 저수지에 고여 있던 밤의 음표들이 하나씩 살아나면서
새벽이 열리고 희뿌연 먼동이 터 오는 새벽 즈음에
별들은 숨고 달도 기울기를 다하는데 마른 저수지같이
그리움에 메말랐던 여인, 나무 백일홍으로 붉게 피어난다.

군자란君子蘭

난도 아닌 것이, 난인 것처럼
의젓하기도 하고
흔들림이 없어 믿음이 간다.

바람 불고 비 내려 세상 요동치는데
눈썹 하나 까딱하지 않고
정면을 응시하며 주황빛 미소를 짓는다.

초록빛 굵은 어깨 좌우로 넓게 펴고
품위 있게 앉아서
세상의 간품看品을 듣기만 한다.

제왕은 하늘이 내리는가
미동마저 먹어버린 너의 자태는 존경스럽다.

세상을 다스리는 격식格式은
몸짓에서 나오는 것
하늘같이 정중한 너의 몸가짐이
모든 꽃들의 으뜸이로다.

상사화相思花

함께하고 싶었으나
함께할 수 없는 임에 대한
그리움

단 한순간만이라도
만나고 싶은 애절한 연모가
이토록 붉게 물들었는데
그대는 닿을 수 없는 먼 곳에

내 몸이 사그라질 때까지
그댈 기다리다가
소멸하여 땅에 지고 나면
어찌 그대는 그제사 다가오는가?

그리움,
그리움은 속으로만 사랑하다가
지워야 하는
꽃무릇이 아닌가.

들국화

아무도 오지 않는 외로운 들녘에서
임자 없어 나는 고독해야 했다

한여름
뜨거운 햇살에 얼굴 달구고
초가을 새벽 차가운 이슬에 몸 떨면서
그리움을 저장해야 했다

오랜 침묵으로 빚어진 사랑의 기다림이
진하디 진한 향기로
외로운 냄새 맡고자 하는 그대를
송두리째 태우고 싶다

국화菊花

하늘을 닮고자
동그란 꽃송이 고고하게 쳐들고

땅을 담고자
노란색 머금었지

깨끗하게 살고자
소복 차려입고

된서리 이겨내며
진한 인내忍耐로 피었다가

어느 시인의 술잔에 동동 떠
깊은 향으로 마셔지기를 기다린다.

게발선인장

발끝은 몸의 마지막 자락,
몸의 통증을 더 이상 내뱉을 수 없는
울퉁불퉁한 고백
낮게 드리운 하늘을 이고 고개를 숙인 채
한세월 사막을 건너온
발끝에 피멍이 들었다

누가 날더러 작은각시꽃이라 했던가?
음지에서 남몰래 피는 서러움은
붉은 꽃잎으로 팝콘처럼 터진다.
이는 필시 고통의 환희이리라
발 마디 굽이굽이 아리고 쑤시는 통증을
쏟아내지 않고서야 나 어찌 살라고

낮은 곳에서 피는 사랑일지라도
오늘만은
아가리가 찢어지게 벌리고
한없이 희열로 웃고 말리라

동백꽃

피맺힌 절규, 침묵으로 꽉 찬 어느 날
논개가 되고 싶어도
미처 뛰어내리지 못하는 두려움으로
먼 바다를 응시하고 있다
순간, 절정의 바람이라도 불었으면
바람의 힘을 빌려 몸 던지고 싶은데
바람도 없어 허공에서 몸 졸이는 나
하얀 눈발 서걱거리는 땅 그리며
그 땅 그림자 가득한 임의 가슴에 묻히고 싶어
발아래 까마득한 허공을
뜨거운 가슴에 불러들이고 있다
어둑한 겨울 숲에 유배되어
모가지 꺾일 날을 기다린다는 것은 죽기보다 서러워
한촉 한촉 알전구 꽃불 밝히며 타들어가는
진홍의 몸부림, 가지마다 내달면서
동백나무 한 그루 붉게 물들어가고 있다

꽃은 사람 죽인다

꽃은 사람 죽인다
사랑의 입술로 다가오는 꽃향기
아편으로 심장에 주사하고
마음을 빼앗으니
꽃은 사람을 마취한다.

꽃이여, 누가 널 그리 아름답게 했나
처녀의 유방보다 더 부드러운 입술은
저격수의 총알보다 더 잔인하게 심장을 꿰뚫으니
클레오파트라의 빠알간 장미보다
더 요염하게 유혹하는 춤을 춘다.

꽃에는 살인의 흔적이 있다
달콤한 독이 든 혓바닥
가냘픈 입술의 칼날
향기 가득한 죽음의 잔
사랑으로 피어나는 꽃은 모두 독약이다

제 3 부
나무들의 속삭임

나무는 안다,
우쭐대며 웃자라면
이웃 나무가 자라는 것을 막는다는 것을
아무리 힘들고 고단해도
바닥에 누워서는 안 된다는 것을
유혹의 손길이 잡아끌어도
하늘만 바라보고
반듯하게 자라야 한다는 것을

나무

나무는 안다,
우쭐대며 웃자라면
이웃 나무가 자라는 것을 막는다는 것을
아무리 힘들고 고단해도
바닥에 누워서는 안 된다는 것을
유혹의 손길이 잡아끌어도
하늘만 바라보고
반듯하게 자라야 한다는 것을

나무는 안다,
너무 크게 자라면
풍성한 열매를 맺지 못하다는 것을
가지를 쳐내는 아픔을 참아야
실한 열매를 맺을 수 있다는 것을
다른 나무와 더불어
함께 사는 것이
고독하지 않다는 것을

나무가 되고 싶다

다소곳이 곱게 커서
누구의 마음에라도 깃들일 수 있는
나무가 되고 싶다

지나가는 바람마저
그냥 가지 못하고 잠시 쉬어갈 수 있는
나무가 되고 싶다

땀 흘리며 수고한 농부가
허리띠 풀고 잠시라도 낮잠 잘 수 있는
나무가 되고 싶다

초승달 외로이 달랑 걸려
사랑하는 이 애타게 기다릴 수 있는
나무가 되고 싶다

철없는 아이들이 한껏 뛰놀다가
멈춰 서서 바라보고는 꿈꾸는
아름드리 나무가 되고 싶다

흔들리며 자라는 나무

두꺼운 땅거죽을 헤집고 나오지 않은 나무 어디 있으랴
세상의 쓰라린 아픔 모두 이기며
힘겹게 한 켜 한 켜 나이테로 굵었나니
아픔을 당하지 않고 얻는 사랑 어디 있으랴

흔들리지 않고 자란 나무 어디 있으랴
세상의 세찬 바람에 가지 찢어지게 흔들리며
나뭇잎 다 떨쳐버리며 외롭게 자랐나니
흔들리지 않고 성숙해진 인생 어디 있으랴

울면서 잎이랑 꽃, 피우지 않은 나무 어디 있으랴
세상 추운 겨울 내내 차가운 눈보라 맞으며
봄여름의 모진 비바람에 울면서 꽃 피우나니
울어보지 않고 거둔 성공 어디 있으랴

꿈꾸는 나무

꽃 피고, 잎 짙푸르지만
언젠가는 꽃은 지고 잎은 낙엽이 될 것입니다.
그런다고 전혀 불평하지 마세요.
봄은 이미 가버렸고 겨울은 아직 오지 않았어요.
슬픔도 기쁨도 가버리는 것이니
오늘의 행복만을 생각하기로 했습니다.
지금 있는 것에 감사하고
한 그루 꿈꾸는 나무 되어 내일을 살아야지요.

문들이 꽝꽝 닫히도록 바람 거세게 불고
궂은비에 천둥번개 몰아친다 해도
하늘이 쨍그랑 소리 내고 떨어진다 해도
아픈 가슴 속살을 비비면서라도
햇볕 따스한 하늘을 기도하면서
열매 맺을 그 풍성한 날을 기다리면서
오늘을 올곧게 힘있게
한 그루 꿈꾸는 나무 되어 내일을 살아야지요.

서서 잠을 자는 나무

서서 잠을 자는 나무는
수백 년 자리바꿈 없이 한곳에 버텨
비바람 눈보라까지 겪으면서
온갖 세상일 당하기만 한다.

고단한 몸 가눌 수 없어
무한히 흔들리면서도
한순간 자리에 눕지 않는다.

한세월의 갑옷 덕지덕지 처입고
앙상한 뼈 드러내놓고도
연한 잎 여린 미소로 웃고 있다.

머나먼 나라에서 긴 여행으로 지친
철새에게 쉼터 제공하고도
떠나갈 때는 깃털 하나 품지 않은 채
고스란히 보내고도 서러워하지 않는다.

수양버들

봄비 내리는 날 저녁에 개울에 나가면
나무의 울음소리가 들립니다.
풀어헤친 외할머니 하얀 머릿결이 보입니다.
가는 빗소리 몰고 가는 봄바람이 지나갑니다.
허리 굽은 할머니의 캄캄한 어제가 너울거립니다.
이런 날이면 연둣빛 새싹도 어둡게 빛나는
누런 만장을 휘날리며 북망산천 찾아가는
상여의 긴 행렬로 보입니다, 망막한 하늘구름만
쳐다보시던 외할머니가 생각납니다.
개울가가 슬픕니다, 빨래터도 없고 나루도 없는
자식들마저 도회로 다 떠나보낸 생의 저녁나절에
외할머니는, 치렁치렁 흔들리는 세월의 끝자락을
기다림 없는 기다림으로 나부끼고 있습니다.

더딘 기쁨

우수 경칩이 지났고 엊그제가 청명 한식인데
집 앞에 선 느티나무, 검은 흉상凶狀 입은 채 아직도 겨울인 것 같다.

겨울 다 난 느티나무에게 봄이 왜 이리 더디게 오는가?
매화는 오래 전에 피었고 개나리 진달래도 성급하게 꽃잎 열었는데
긴 침묵으로, 더디게 숨 고르고 있는 느티나무에게서
인생의 느린 회한悔恨을 읽는다.

성급한 기쁨은 빠른 슬픔을 불러오는가 보다
멋모르고 피어난 이른 봄꽃들, 게으른 꽃샘바람에 주체 못하고
낙화하는데 너무 마음이 아파,
기쁨도 더디 오는 것이 좋을 것 같다.

인생을 더디게 살고 싶다
늙음도 이렇게 더디게 왔으면 좋겠다.

봄빛 정자나무

눈부시다,
시커먼 어둠을 뚫고 나오는 연둣빛 새싹이

발랄하다,
깊은 고요를 깨는 푸른 생명이

황홀하다,
낮은 하늘 이고 치뜨는 정자나무 눈썹이

매화 목련 개나리 진달래 질 때까지 한참 기다렸을 것이다
깊은 여울에서 천천히 길어 올린 생명
기나긴 겨울여행을 마치고 연둣빛 봄의 숨결 내쉬며
눈부시게 반짝이며 발랄한 생명으로
긴 고요를 깨뜨리고 있었을 것이다
눈부시게 더 황홀하게 새하얀 생명을 터트리며
연초록 눈썹을 날리고 있었다.

우리 마을 늙은 정자나무는 수백 년을 지켜오는 정절로
한 곳에 자리매김하고 깊은 침묵으로 마을을 보듬고
액화厄禍 막으며 저주咀呪까지 날리며 푸른 그늘 만들어
중생들을 안위安慰하면서

마을 사람들의 생로병사까지 읽으며
정겨운 고향의 정취로 살고 있었다.

햇빛을 머금은 잎은 초록을 토하고

태양에 빨려들면서도 햇빛을 머금은 잎사귀들은
거절 못하는 손짓으로
너울너울 떨며 신음소리를 낸다.

연한 이파리가 수줍어 숨는 몸짓으로
가만가만 계곡을 어루만지면
산은 산끼리 도란도란 사랑을 속삭인다.

잎은 처음부터 저만의 색채가 없었다,
흡수되어 초록이면 초록의 빛으로
애달픈 그리움으로 간절하게 물들이다가
끝내 못다 한 사랑을
아물아물 내뱉는 것이 아닌가?

내 마음의 이파리 한 장
갓 피어난 연정戀情은 타는 목마름으로
태양에 조용히 빨려들고
참을 수 없는 내맡김에 입술을 떨면서
숭얼숭얼 초록을 토하고 있다.

오월의 숲

나무들이 여물어 갑니다 어제 심은 묘목이 자라 햇볕에 구워지더니
푸른 옷 입고 전열을 가다듬어 진군합니다, 푸르게 반짝이며

수의囚衣 입은 나무들은 죄를 모릅니다, 타락한 인간들 때문에
원죄原罪 지고 세상에 태어났지만, 십자가 되어
예수 짊어질 골고다에 올라가고자 기도한 적이 얼마나 많았겠습니까?

이제는 속죄하려는 마음으로 앞 다투어 손 내밀며
어깨 부둥켜안고 발 맞추어 행진합니다.
와우와우, 산등성이에서 숲의 군가를 부릅니다, 힘차게 손 흔들면서

점령군은 녹음을 타전합니다, 파란 깃발을 온 산에 꽂으며
이기었노라 이기었노라고 평화를 노래하고 있노라고

성숙한 나무들입니다, 울창한 숲이 라르고를 합창하는 헨델의 음계로
산을 넘고 들을 휘감고 강을 건너 바다까지 덮어버렸습니다.

오월의 숲, 여기가 푸른 천국입니다.

오디가 익을 때

뽕나무에서 오디가 익어갈 무렵이면
보리도 함께 익는다
뻐꾸기 울음소리도 덩달아 슬퍼지고
핏빛 오디 검붉어지면
보리알갱이도 누릇누릇 여물어 가는데
얄미운 뻐꾸기 목구멍에 핏방울이 맺힌다

오디의 단맛은 순하다
새콤하거나 쌉쌀한 뒷맛이 없이 담담하게 달다
넓적한 초록색 치마 입은 뽕나무에서
금방 따낸 풋내라 말할까, 그저 풋풋하기만 하다
오디는 잘 익은 보리 냄새를 낸다,
내 어머니의 가슴에서 맡았던 젖내 같은 향을

삭개오가 뽕나무에 위에서 예수를 만나서는
검게 익은 오디로 내려왔단다.
풋보리처럼 누름누름 여물어 갔단다.
어머니 옥양목 적삼에
붉게 물들이는 정겨움으로 살았단다.

죽순竹筍

5월이
인디언식 달력으로는 '죽순이 자라는 달'이란다.

어제는 비가 내렸다,
늦은 봄비인가 초여름비인가 알 수 없도록 소록소록
죽순이 경쟁하듯 쑥쑥 올라온다.
'죽'死은 줄 알았던 '순'筍이 살아 있다고 신고한다.
무덤 땅 걷어내며 죽음 어둠 헤집고
벽돌까지 들어올리는 힘으로 저마다 기지개를 켠다.
하늘을 향해 치솟는 생명으로

오월은 생명이 퍼레이드하는 달이다,
팽팽한 생명이 숲을 긴장시키는
죽음에서 생명으로 뾰족하면서도 순한 입맞춤으로
저녁에서 아침으로 일어나는 죽음을 두려워하지 않는 죽순,
순은 소리 없이 저녁에 자란다.

오늘 아침 어스름 눈 뜨고 땅을 보는 순간,
밤사이에 죽순은 쑥쑥 자라나 있었다.
벌써 하늘에 닿을 듯 키 큰 대나무를 흉내 내며

오월은 생명이 함성을 지르는 달이다

담쟁이넝쿨 이야기

아무도 모를 거야
담쟁이넝쿨이 조금씩 자라나며
죽은 듯 납작 엎드린 채
회색 절벽을 힘겹게 기어 올라가는 것을
꽃 한 송이 못 피우는 외로움에도
왜 울어서는 안 되는지를

아무도 모를 거야
세상에는 한없는 난간難艱이 있다는 것을
추락하지 않기 위해서는
하얀 마음 꺼내어 절벽에 붙어서
파란 하늘을 바라보고
위로 올라가야 하는지를

담쟁이는 알고 있지
저 너머에 멈출 수 없는 희망이 있다는 것을
물 한 방울 없고 씨 한 톨 날 수 없는
절망의 벽에서도 살아남기 위해서는
초록의 잎줄기로
파란 절벽을 타고 넘어야 하는지를

환희歡喜

한 장의 이파리가 초록으로 반짝이기까지는
일 년의 반은 신음했을 것이다.
지난해 가을, 낙엽으로 떨어질 때 얼마나 울었을까.
겨울 내내 봄을 잉태하고, 이 여름이 오기까지
고통의 세월을 보냈을 것이다.
7월 말에서 8월 초로 가는 한여름
베토벤 심포니 9번 제4악장이 쏟아내는 환희의 노래
초록 나뭇잎들이 춤추는 계절의 음률이 퍼진다.
젊음은 지칠 줄 모른다, 젊음을 노래한다.
삶은 환상이 아니다, 꿈은 내일을 거부하고
오늘에 있는 싱그러움에 깊숙이 젖어들고 있다.
오늘은 오늘, 내일이 아니다.
나는 오늘을 저장한다, 승리라는 것을
오늘이 있기에 기쁘다, 그것은 거룩한 환희
이제는 더 이상, 슬퍼하지 않고 울지 않으련다.
절망은 없다, 오늘이 희망이다.

모과

지독하게 못생긴 나는
내가 보기조차 역겨워 싫었다.

우리 집 응접실 한 구석에 처박혀
조용히 썩어가고 있는 나

말없이 썩어간다는 것은
죽기보다 더 큰 고통이었다.

사람들이 날 보고 웃기 시작할 때부터
나는 은은한 냄새를 내기 시작했다.

썩어가는 내게도 향기가 있다니
실패도 때로는 남을 기쁘게 하나 보다.

향나무

있는 속 다 상해도 곱게 상하고
뼛속까지 썩으나 상큼하게 썩으면
향기로운 냄새가 날 것이다.

냄새에는 부르는 냄새와 쫓는 냄새가 있다는데
내가 속 안 상하고 너만 상하게 하면 악취가 나고
내가 혼자 썩으면 향기가 난단다.

너는 얼마나 속이 상했냐?
얼마나 썩었으면
그 아픔을 참다못해 몸통까지 울퉁불퉁
이리저리 마구 휘고 말았구나.

험한 세월에
그리도 많이 상하고 썩어 향기를 내니
나는 네가 부럽도다.

향기로운 삶
사람 부르는 냄새 내면서
오늘도 향기롭게 살고 싶다.

소나무

'소나무여, 소나무여 변함이 없는 그 빛'
독일에서 대서양 태평양 건너
예까지 들리는 음률에 가슴이 뭉클해지고
든든한 너의 기개에 믿음이 간다

너는 대한민국의 나무
반만년 지켜온 민족의 긍지를 짊어지고
우람하게 서서 나라를 지켰다

사람은 모두 변해도
사시장철 변함없는 너는
나의 자랑

오, 소나무여!
임 향한 일편단심 변함없이
영원토록 푸르거라

단풍나무 아래 걷다가

단풍잎 붉게 물든 오솔길을 걷노라면
내 얼굴까지
빨갛게 물들고 말아
나도 단풍이 되고 마는 것 같아

단풍잎 한 점 두 점 떨어지는 날에는
내 마음도 어느덧
낙엽처럼
하염없이 떨어지고 마는 것 같아

이 가을엔,
내 몸 한없이 붉게 태우다가
피어오르는 연기 되어
내 가슴 파란 멍울 날리는 바람이면 좋겠어.

벗은 나무

이고 있던 녹음이 짐이었던가?
한잎 두잎 내려놓고
홀가분하게 벗은 몸인 나는
한결 가볍다

가을바람이 지나간다,
내 가랑이 사이로
아하, 흔들리지 않는구나!
이리도 좋은 것을

지난날, 이것저것 지고 있을 때
바람이 불면 버티려고 얼마나 힘겨웠던가?
지고 있던 짐 너무 무거워 비척거렸는데
모든 것을 다 내려놓은 지금은
티 한 점 없이 맑은 가을을 이고 있다

누군가 열매 다 따가고
마지막 잎사귀마저 허공에 흩어버리니
내 가을은 편안하다
아무것도 거리낄 것이 없는 이 가을은
나만의 자유가 있다

나무와 나무 사이에서

시커먼 나무와 나무 사이
앙상한 가지 밑을 아무 말 없이 지나가기가
미안했습니다.

철새마저 종적을 감춘 빈 하늘을
바라보기가
송구스러웠습니다.

낡은 나룻배
떠나가버린 나루터에 혼자 서 있기가
죄송했습니다.

언제 올지도
모르는 사람을 기다린다는 것이
부끄럽습니다.

겨울나무 · 1

어느 호숫가 나무 하나
숨소리 죽이고
저 멀리서 스멀스멀 찾아오는 죽음을
응시한다.

싸늘한 겨울 아침은
하얀 영정影幀 사진 같은 그림으로
다가오고 있는데…

깨끗한 죽음을 위하여
마음의 호수 깊은 내면을
들여다보고
정갈하게 지우고 있다

겨울나무 · 2

갑자기 봄을 생각하게 된 것은
겨울나무 때문이야

잎 지고 가지 떨고 있는 겨울나무
하얗게 뿌리까지 시려오는데
차가운 서릿발에 숨이 좁혀오고
검은 구름 낮게 드리우니
금방이라도 눈이 내릴 것 같아
이 겨울은 너무 추울 것 같다

산골의 노숙자 겨울나무에게는
어느 지하도도 없고 무료급식도 없으니
어떻게 이 겨울을 난다냐?

봄은 아직 먼 데, 겨울나무가 슬프다

갈대

갈 때가 다된 것 같다
바다로 나가는 샛강 어구에 홀로 선 나그네

검붉은 밑동 내보이며
바람결에 온몸을 맡기고 있다

촉촉이 젖어가는 늦가을
살가운 햇살에 그리움 말리면서
반백의 머릿결 날리며
먼 하늘을 나는 저어새 한 마리
물끄러미 바라본다.

가을이 가면 나도 가야지

갈꽃을 꽃이라 하는가
꽃이라기보다는 그리움을 날리는
하얀 손수건
주먹에 꼭 쥐고 있던 허망虛妄을 놓아버리는

솔잎의 노래

친구들은 하나 둘 서서히 떠나갔습니다.
붉고 노랗고 갈색으로 옷을 갈아입고
떠날 채비를 하더니
기어이 가을바람 타고 겨울로 가버렸습니다.

그래도 나는 아직 갈 수 없습니다.
내가 이 초록의 옷을 벗지 못해서가 아닙니다.
나마저 가버린다면
이 초라한 겨울 숲이 어쩌겠습니까?
너무나 춥겠지요.
지독하게 쓸쓸하겠지요.

그래서 흰 눈 쓰고 벌벌 떨면서라도 이렇게
남아 있습니다.
겨울 숲과 함께 이 살벌한 계절을 견디려구요
나는 당신들을 위해서라면
아무래도 괜찮습니다.
봄이 올 때까지 이렇게 기다리겠습니다.

제 4 부
산과 바다 그리고 하늘

바다가 출렁이는 것은 하늘을 안았기 때문이리라
하늘 구멍으로 보이는 우주
우주의 꿈을 담았기에
오늘도 하염없이 일렁이고 있을 것이다

산이 달려온다

산이 걸어온다
눈부신 초록옷 입고
성큼성큼

산은 꿈
하늘 이상理想 바라보며
아물아물

산은 내 임
아련한 그리움 키우며
울렁울렁

비상飛翔의 끝은 하늘
저 하늘을 초록으로 날고자
눈 덮인 산을 먹고
봄을 잉태했지

이제는 아장아장 숲으로 걷는
이제는 휘영휘영 하늘을 나는 계절

산이 달려온다,
초록 입고 뛰면서

내장산內藏山

서래봉 신선봉 너머 내장內藏
감춰진 정적
맑은 고요
불타는 그리움
산마루는 하늘을 향해 마음을 열고

막 물들기 시작한 단풍
수줍어 고개 숙이고
떨리는 못짓
산자락을 휘감으며
보고 싶은 임 기다리면서

연자봉 장군봉 돌아 내려오는 가을
단풍잎마다 입맞추니
숨겨진 그리움 안고
돌아서는 가을나그네에게
천년 고찰이 미소로 인사하네.

새벽 호수

새벽 물안개는 호수를 깨운다.
단잠 자던 호수, 물의 메아리 듣는다.
지금은 동트기 직전
물안개는 아침을 일으키며
호수를 껴안는다.
가슴 깊은 가락으로 흐느끼는 대금의 낮은 음계
가느다란 손가락으로
물의 살결을 만지면 호수는 떤다.
가느다란 호흡으로 굵게 이어졌다가
끊기고 또 끊겼다가
다시 이어지며 떨리는 물의 주름
가슴속에서 나오는 신음,
물의 메아리 작은 호수를 살짝 흔들면
아침이 눈부시게 열린다.

바다

당신은 바다
세상이 배설하는 온갖 오물을
스스럼없이 받아먹고
나의 온갖 근심 걱정까지 포용하는
당신은, 바다

당신은 바다
내가 마음껏 노 저어 항해하고
이 생명 다하는
마지막날에 나를 묻을
당신은, 바다

오, 임이여
당신이 있기에 나 자유롭고
나 벌거숭이가 되니
사랑이 넘실대는 큰 바다
당신은, 바다

새벽 바다

새로움은 항상 가슴 뛰게 한다
낡음이 나쁨은 아니지만
새로움은 밝은 꿈을 꾸게 한다

절망하는 자에게 빛을 보내는 작은 새벽별
슬픔일랑은 씻어 망각으로 지우려고
하염없이 출렁이는 하얀 물결
산산이 흩어지는 잔모래
꿈을 안고 아침 하늘을 나는 갈매기
찬란하게 떠오르는 태양
새벽 바다. 모두 새로움이다

새벽 바다는 사람을 일깨워 흥분시킨다.

새벽 바다를 여는 어부

하나님이 거기 계셨다. 새벽 바다에
어둠을 밀어내시고
사람이 거기 있었다. 새벽 바다에
지난밤을 걷어내면서

구시포 새벽바다는 엄마처럼 열리는데
속살을 드러내는 수줍음도 없이
젖가슴 열어젖히고 아이에게 젖을 먹인다.
통 통 통, 통통

희멀끔하게 밝아오는 새벽에
구름이불 개고
일어날 채비를 서두는데
바다는 너울너울 춤추며 옷을 벗는다.

삶을 낚으려는 어부는
바다를 잡으려나,
조용히 시작되는 새날은 흥겨운 노래로
하루의 문을 연다.

바다는 하늘을 품고

바다의 마음은 우주, 무엇인가를 바라는

바다의 진실은, 하늘을 품은 마음

창조하는 마음은, 저녁이 되고 아침이 되니

새 하늘이 열린다.

*

바다가 출렁이는 것은 하늘을 안았기 때문이리라
하늘 구멍으로 보이는 우주
마음은 우주의 꿈을 담고
오늘도 하염없이 출렁이고 있을 것이다

우주는 항상 진실, 하늘을 품은 마음이다

*

물 가운데 궁창, 꿈꾸는 자궁

궁창 아래의 물과 궁창 위의 물로 나뉘니
하나님이 궁창을 하늘이라 하셨다*

하늘은 꿈을 낳고 창조하는 마음을 낳고
진실을 위하여 마음을 비우고 하늘을 바라보라 한다,
우주의 마음으로

* 구약성서 창세기 1장 6절을 인용함.

나만의 바다

나만의 바다, 거기에는 아무도 없었습니다.
일렁이는 파도 길고 긴 모래사장
여기저기 널려 있는 조개껍데기
그리고 바닷새만 날고 있었습니다.

지난여름은 어디로 갔는가?
그 열정은 어이 다 식었는가?
그 낭만이 이리 허무하게
썰물에 떠내려갈 줄은 정말 몰랐다.

그래요, 젊음은 가는 것
무심한 시간이 이리도 매정한 것을 알면서도
나는 그것을 붙잡으려 했습니다.

모두 다 가도, 남아 있는 것은 바다
나만의 바다, 나를 묻을 바다가 거기에 있기에
그래도 바다는 나에게 희망입니다.

바다는 내 고향, 나는 바다로 갑니다.
나만의 바다로

바다가 파란 것은

파도는 혼자 좋아서 파도치지 않는다.
부대껴 부서지며 제 몸 아파도 흔들지 않을 수 없기에
출렁이며 힘겹게 부딪는 것이다.

누가 웃는 파도를 본 적이 있는가?
파도는 성나 울부짖고 있다. 파도가 슬프게, 슬프게 우는 것은
절망을 살라먹고 고통을 희석시키려는 것이다.

바다가 파란 것은 파도 때문이다.
부서지는 파란 물거품, 푸른 하늘을 이고 있기에 푸른 마음이고
흔들리기에 희망이 있다.

바다가 멀리 보이는 것은 파도 때문이다.
깨어졌다가 추스르는 집념, 밀려갔다가 다시 밀고 올라오는 도전
변함없는 마음에 바다는 끝없이 멀리 보인다.

산과 바다의 아우성

바다에 만일 심장이 있다면 푸른 피가 박동했을 것이다
산에 혈맥이 있다면 초록의 피가 흘렀을 것이다
피는 반드시 붉은 색이 아닐 것이다

살아 있는 모든 것은 피를 가지고 있다
바다가 두근거리고 산이 울퉁불퉁 솟는 것은 생명의 헹가래
살아 있다 아우성이니
바다가 잔잔하고 산이 적막하기를 바라는 것은
피를 멈추게 하려는 어리석은 죽음이다

네가 수도승이 아닌 이상 너는 요동쳐야 한다,
분주하고 거칠게
피는 따뜻하고 붉어야 한다는 고정관념을 버려라

낡은 생각은 피곤하다
세상에는 검푸른 피도 하얀 피도 있다
장미가 어디 붉은 색뿐인가? 파란 장미도 장미다

네가 바다이고자 하면 푸른 피로 두근거리고
네가 산이고자 하면 초록 피가 꿈틀거리게 하라
바보같이 붉은 피로 따뜻하게만 살려고 하지 마라
푸르게 살아가라 초록으로 살아가라

섬

하늘이 바다인지 바다가 하늘인지 알 수 없는
물고기 하얀 비늘같이 가물가물 반짝이며
하늘과 바다의 빗장을 여는 그대,
외롭지 않은 하늘이거나 방랑하는 바다의 소녀로구나
저 구름 흘러가며 머뭇거리다가
그림자마저 남겨두기 미안하여 그냥 지나가는
정갈한 점 하나, 고독한 계집아이
하늘 때문에 바다 때문에 행복한 것 같기도 하여
나 그대에게 가고 싶다가도
어쩌면 그대가 날 여지없이 사양할 것 같아
멀리 서서 적이 바라보기만 하는구나.

하늘이 저기 있다

하늘이 거기 있다
누가 있으라고 해서 있는 것이 아니고
그냥 있다

절대적인 위엄이 아니라
부드럽고 포근한 솜이불 깃으로
그러면서도 온 세상 지배하는 절대자로
하늘이 저기 있다

땅 위에 펼쳐져 있는 광활한 공간
모든 사람과 사물을 품에 안듯 자상한 애정
사랑의 미소로
하늘이 저기 있다

천국이고, 천사가 사는 곳
내 삶의 도피처, 울타리도 담도 없이
누구나 포용하는 무한의 공간으로
하늘이 거기 있다

푸른 하늘

푸른 하늘은
저 멀리 하늘에 떠 있는 내일의 바다가 아니라
지금 내 마음에 있는 작은 공간입니다.

푸른 하늘은
지난 소년시절의 추억 어린 놀이터가 아니라
아직도 나를 설레게 하는 시 마을입니다.

푸른 하늘은
지금 내 곁에 있는 내 사람의 마음
희망이 물결치는 광활한 바다
끝없이 달려가고 싶은 사랑의 샘터입니다.

하늘과 땅

하늘과 땅은
높음과 낮음 간격間隔의 공간

하늘 높은 줄 모르고 오르면
거기가 땅

땅의 가장 낮은 곳에 엎드리면
거기가 하늘

세상에 높낮이가 따로 없으니
하늘이 땅이고
땅이 하늘이라

하늘과 땅은
창조자가 사람을 위해 만드신
삶의 마당

하늘과 땅에서
열심히 일하고 마음껏 노래하자
하늘과 땅은
축복의 한마당이다

하늘 아래 나무

바다가 승천하는 날
하늘 지붕은
끝도 안 보이는 날개로 날고 있다

물이 나무 물관 타고 기어오르는 날
나뭇잎 가지 줄기
연한 녹색 옷 입고 미소 짓고 있다

꽃을 피우려나, 열맬 맺으려나
하늘 아래 나무
파란 지붕과 푸른 옷자락으로
초록으로 만나니
하늘 아래 나무는 뜨거운 여름 속에서
가을을 잉태하는구나.

하늘 까치집

까치는 거기가 하늘 집이라 생각했겠지
문패도 초인종도 없는
가시만 앙상한 그늘
가끔 뭉게구름만 스쳐가는 번지 없는 집

높은 곳에 집을 짓고 싶은 마음 그리웠지만
영혼은 하늘을 그리워하지만
외로운 하늘은 싫어, 찾아오는 이 없는 하늘 집은
까치집 같은 것

가시를 뽑고 철창을 부수고 담장을 허물어
영혼마저 내려놓고
지렁이 인생으로 꿈틀거리는 시궁창 같은 세상에서
끈적끈적하게 사는 것이 좋을 것 같아

까치집을 흉내 내지 말자
낮은 데로 낮은 데로 사람냄새 나는 곳으로
이따금 우편집배원이 다녀가는 곳에
오두막이라도 짓고 살고 싶다

겨울밤 별

별이 대낮에는 안 보이고
어두운 밤에만 보이는 이유가 무엇일까?

마음이 캄캄한 사람 실망한 사람들에게 희망 주려고
밤에만 보일 것이다

별이 땅만 보는 사람에게는 안 보이고
하늘을 보는 사람에게만 보이는 까닭은 무엇일까?
위를 바라보고 용기를 내라는 것일 게다

한겨울 춥고 공허한 밤에도
파랗게 빛나는 별은
외로워 말라고
뜨거운 가슴으로 희망을 읽으라고 반짝이고

겨울밤의 별은
등대, 삶의 안내자
춥고 어두운 바다 같은 세상에도
장착할 항구가 있다는 파란 신호등일 것이다

바람은

바람은 어느 땐가 임시정부臨時政府처럼
핑그르르 돌며 언덕을 넘어왔다가
나뭇잎들을 떨어뜨리더니
폭설 몰고 와서는 세상을 하얗게 덮어버렸지
띄엄띄엄 웅크리고 엎드린 초가지붕들에게
소복 입히고 기막힌 제의祭儀에 숨죽이게 하더니
어느덧 남쪽 하늘을 휘감고 돌아와
가련한 아낙네 상복을 벗기고
부끄러운 듯 나신으로 떨고 서 있는 과부나무들에게
바람 불어서 눈언저리 검붉은 슬픔을 지우고
붉은 입술에 미소로 화장을 하더니
봄맞이 새혼에 가슴을 부풀리니
바람은 바람 잡는 중매쟁이로구나
바람은 고요한 침묵으로
기척 없는 나직한 공간에 꽃씨를 뿌린다,
사랑과 이해와 용서 그리고 생명의 씨를…
바람은 있다가 없어지는 임시정부
독재의 겨울과 광복의 봄 사이에서 간간히 불어
하늘나라를 만들어가는 광활한 하늘의 전령
바람은 있어서 좋고 없어도 좋다.

바람처럼 지나갈 것이다

다 지나갈 거야
사랑도 미움도 만남도 이별도 젊음도 늙음도
바람처럼 지나갈 거야, 너무 애쓰지 마
버틴다고 되는 게 아냐

내게 있던 것들은 처음부터
내 것이 아니었지
사랑도 미움도 만남도 이별도 젊음도 늙음도
다 바람처럼 지나가는 것이지

인생은 바람처럼 스쳐 지나가는 것
세상의 어떤 모진 바람도
한때 불던 하늬바람도 머물지 않아
다 지나가는 거야

그러나 이거 하나만은 잊지 말자고
바람의 흔적, 그게 사랑이나 미움이든 만남 그리고
이별이든 젊음 혹은 늙음이라 할지라도
마음에 상처만은 남기지 않게 하라고

바람所願에는 희망이 있지

바람은 그냥 오는 게 아냐
무엇인가를 주고 싶어서 잠시나마 머물다 가는 것이기에
바람을 사랑하라고, 희망을 안으라고

바람은 주소가 없다

어디로 와서 어디로 가는지
어디에 머물지도 모를 바람은 허망하다
살며시 얼굴을 간질이다가도
성나면 바다와 산까지 뒤집어버리는
바람은 주소가 없다

나는 가끔 바람에게 편지를 쓰고 싶다
찾아가서 문안 인사라도 하고 싶을 때가 있다
그러나 바람은 어디에 있는지 주소도 없다

거칠 것이 없는 영혼은 자유롭다

허공에 발 디디고 방황하는 영혼이여,
시간 안에 있으면서도 시간 밖을 꿈꾸는 간극間隙을
어디에 두고 오늘도 바람처럼 가려는가?

나도 바람 따라 한세월을 방황했으니
나에게 주소를 묻지 마라

흩어지거나 사라지는 것이 자유인 것을

어디에도 문패를 붙이지 말자
주소를 적어두지 말라
인생이란 바람처럼 왔다가 가는 것을

태풍, 그 다음

포구에 정박한 어선들,
태풍에 몸부림치며
정지된 출어의 고통에 분노하는데

쏟아지는 억센 빗줄기 온통 뒤집어지는 바다 물결
성난 파도와 바다의 울부짖음에 함께 울며,
어부들은 긴 한숨으로 담배연기를 뿜으며 절망하는데

왜 태풍이 지나간 후의 내일을 꿈꾸지 아니하는가?
그 잔잔한 바다,
더 풍부해진 먹잇감, 만선의 꿈을

태풍에 우리네 오늘의 삶이 힘겨워도
태풍, 그 다음날 꿈을 건지는 날
만선의 그 날을 희망으로 안고 기다리자고

고난 후의 삶은 아픔보다 더 아름다워

허리케인

열정이다, 뒤집어 엎어버리는

혁명이다. 옛것을 부숴버리는

울분이다, 도저히 참을 수 없는

감격이다, 전혀 새로운

길고 긴 안일로 편안하고 잠잠한 것이 나른함을 깔고, 퍼더버려 놀고 싶고 더 자고 싶은 게으름 생의 변죽이나 만지작거리며 양철지붕 위의 고양이 깃털 속으로 낮잠을 청해오기도 하는 그냥 이대로를 좋아하며 기다란 손가락으로 느리게 흔들리는 시계불알이나 세는 것이 죽기보다 싫었다.

부드러운 혁명을 기대했다 가슴에 불어오는 뜨거운 열정을 가둔다는 것은 나를 침몰시키는 무서운 저주 같은 것, 거룩한 울분으로 온통 대지를 뒤엎고 새로움을 창조하는 순한 자연의 험한 분노는 파괴 후에 창조가 온다는 진리를 보여주려고 오니 기다리고 있었던 것들, 갑자기 찾아온 것이 반갑다.

해돋이

일출, 태양의 새로운 탄생
어둠을 씹어 먹고 몸부림치며 불끈 솟는 태양아
너는 희망이다

너는 잘못과 부끄러움을 삭이고
안타까운 일들을 걸러내며
용서하고 잊어버리는 거대한 용광로에서
이제 막 흘러나온
순금이 되어
온 누리에 질펀하게 퍼진다

좋은 생각 사랑하는 마음
나누는 정신
도움을 주는 편 손과
부지런한 발
애정으로 뜨거워진 가슴이
너 때문에 행복의 기준이 달라진다

하늘과 땅
뫼와 바다 그리고 사람들이여,
태양 때문에 행복하여라!

해넘이

구름 사이 마지막 한줄기 햇살 노을을 보며
'안녕'이라 인사를 해야 할지
아니면 말없이 눈물을 지어야 할지 모르겠습니다.

올해도 임은 기어이 가시는구려
지난 한 해는 아름다웠습니다.
임이 있었기에 사랑할 수 있었습니다.
아니 살아갈 수 있었습니다.
임은 내 생존의 이유

지난 한 해 동안 너무 수고하셨습니다.
그 숱한 일들을 이렇게 잘 처리해 주셨고
큰 탈 없이 살다가
또 다른 해를
기다리게 하시니 정말 고맙습니다.

아쉬움이 있습니다.
다 하지 못한 일도 있고
다 사랑하지 못한 사랑도 있습니다.
사랑할 일이 아직 남았네요.

안녕! 오, 나의 태양이여

제 5 부

가을 연가戀歌

사랑하는 그대에게
선뜻 마음을 열지 못했던
뒤늦은 후회,
달빛에 젖어 별빛 따라 지우지 못하고
혼자 가을밤을 지새우네.

가을이

가을이 걸어오고 있다
초록 산 갈색으로 변장하고 파란 하늘 이고
누런 들판을 무질러 성큼성큼 오고 있다

비가 온다 바람이 분다
낙엽이 떨어진다
꽃은 지고 풀은 눕는다

가을을 기다리던 나는
지나가는 갈바람 살며시 잡아 보고
떨어지는 빗방울 손끝으로 만져 보며
낙엽 날리는 소리 듣는다

꽃무릇 가슴 맺힌 사랑 언덕에 눕고
플라타너스 잎사귀들 한 잎 두 잎 길에 날리는데
지나간 사랑 물끄러미 그려보면서
애처로운 낙엽 하나 집어본다

말없이 가을이 걸어가고 있다
소슬하게 저 산 너머, 저 구름 흘러가는 곳으로
애잔한 마음만 한 조각 남겨 놓고

가을비

비가 내린다. 촉촉하게 대지 위에
가을 나뭇가지 잎 적시며
가뭄 해갈하며 소리 없이 내린다.
바람마저 숨어버린
어느 단풍나무 아래
빈 연못에
외로운 동그라미
작은 원 물주름 그리며

비가 내린다. 여윈 볼 위로
얄팍한 가슴 적시며
이파리마다 보랏빛 물들이는 기도로
잘 익은 열매 완숙의 순간까지
지는 낙엽 노랗게 잠재우는 촉촉한
안무로 떨며 내리는
파란 빗방울은 눈물 같은
또 하나의 원을 그린다.

떨면서 오는 가을

가을이 온다, 떨면서
갓 피어난 코스모스 기다란 모가지에서
막 물들기 시작한 단풍나무 잎에서
서둘러 벙긋한 구절초 짧은 꽃 대궁에서
부르르 떨고 있다
내가 처음, 내 사람의 젖꼭지 만질 때처럼
내 사람 자궁 어딘가에 내 입술 가져갈 때처럼

떨림은 익기 위한 수작이 아닌가?
내가 내 사람에게 익숙해질 때까지 나는
얼마나 떨었던가.

떨림은 두려움이 아닌가?
어디서부터 젖어오는 떨림인지 몰라도
많이 젖지 않고서야 어찌 두려움을 잊을 수 있을까.

가을이 젖고 있다
푸른 하늘에 시원한 바람에 사랑에 젖고
들국화 향기 질펀한 계곡에서
젖으며 익숙해져 두려움을 밀어내고 영글고 있다
가을이 지금 떨고 있다

왜 가을은 붉게 물드는가?

알 수 없다,
왜 가을은 저렇게 붉게 물드는지
누가 와서 피 토하고 가는가?
빨간 정령精靈들이 바람을 타고 몰려와
각혈 하고 뒤돌아서는 산자락을 단풍이 물들이고
덩달아 과수원 사과, 우리 집 뒤뜰 석류,
담을 넘던 빨간 담쟁이덩굴, 아직 불붙는 내 심장까지
붉게 물들고 있다

생명의 원천, 빨강이여!
시에 대한 열정이여,
불꽃으로 타소서!

살라도 살라도 살라지지 않는 생명의 단맛
절정切情의 결정結晶,
빨강에는 우주의 혼이 서려 있다

가을 연가戀歌

가을달빛 고교한 창가
누가 온 듯, 기척이 있어
창문을 열어 보니
기다리는 것은 별빛뿐
아무도 없네.

창문을 닫는다,
별빛보다 아름다운 그대
들여다볼까 두려워서

아름다운 그대에게
선뜻 마음을 열지 못했던
뒤늦은 후회,
달빛에 젖어 별빛 따라 지우지 못하고
혼자 가을밤을 지새우네.

가을 생각

가을은 놓아주는 연습을 해야지
별리別離가 순리順理이니
꽃들도 잎들도 햇살도 한곳에 멈추지 않아
바람이 곁에 머무르지 않는 것처럼
어제의 강물이 오늘의 강물이 아니니
고이는 것은 썩는 것

지금 마주서 있는 당신과 나
당신 생각이 나 내 생각이
언제까지나 같기를 바라는 것은
삶의 배반이 아닌가
곱게 물든 단풍미인 같은 당신을
살며시 놓아주고 싶어

내가 너무나 사랑하고 있기에
시들고 썩는 당신 모습 보고 싶지 않아서
돌아서는 당신이 보고파도
가슴 아련히 아련히 저며질지라도
마르지 않은 고운 당신 모습, 그대로 오래
간직하고픈 생각으로 놓아주고 싶어

가을 냄새

마지막까지 안간힘을 다하던
늦여름 뙤약볕이 그리도 뜨거웠던 것은
가을을 익히려는 것이었다는 것을
나는 이제야 알 것 같습니다.

가을 냄새가 납니다.
녹음을 다한 떡갈나무 잎사귀에서
뜨겁게 태우고 시들어가는 금잔화 꽃잎에서
밤새워 우는 귀뚜라미 울음소리에서
껍데기 달랑 벗어 나무등지에 붙여 놓고
어디론가 사라져버린 매미의 흔적에서
길가에 하늘거리는 코스모스의 가는 허리에서
수줍은 듯 붉어가는 내 어린 소녀의 볼에서
가을이 서서히 익어가고 있습니다.

가을이 잘 익은 향기를 안고
먼 산등성이 넘고
가까운 개울의 여울목을 지나
동구 밖 우물가를 수줍은 듯 맴돌다가
빨갛고 노란 사랑으로
가을의 등에 업혀 오고 있습니다.

가을 색깔

황금빛 가을을 재촉하는 비가 추적거리는 날에는
내 마음부터 물들기 시작한다.
금추金秋, 가을의 속성은 쇠붙이
아침저녁으로 찬바람 불고 낙엽이 하나둘 떨어지면
어느덧 날카로운 쇠가 내 가슴을 저미는 듯, 하여 나는 아프다

검붉은 포도송이, 고추잠자리도 불타는 해바라기, 누런 벼이삭도 외롭다
가을에는 왜 푸른 것들이 누런 빛으로 물드는가?
모두 서슬 퍼런 쇠붙이의 시뻘건 녹으로 가을을 파먹기 때문일 것이다

가을 색깔을 거부하고 싶다.
스산한 가을 냉기가 나를 시리게 하고
싸늘하게 식어가는 체온 부추기는
오늘을 울어야 하는 나는, 이 가을이 슬프다

가을 소리 · 1

가을의 소리, 가슴으로 듣는다.

차갑고 슬픈 달빛 소리
섬돌 밑에 숨죽이는 귀뚜라미 소리
길가에 은행 떨어지는 소리
산비탈 도토리 구르는 소리
바스락거리는 암갈색 낙엽 수런거리는 소리

대자연이 연주하는 가을 소나타에
산이고 강이고 바다도 덧없이 일렁인다.
내 마음도 한없이 울렁울렁

색을 지우면서 소리로 남는 가을은
영원한 메아리
우주에 복각된 대자연의 오케스트라는
꽃보다 아름다운 색이 있는 소리다.

가을 소리 · 2

말하지 않는다고 할 말이 없는 것은 아닙니다.
잔잔한 얼굴이라고 평안한 것은 아닙니다.
지난여름은, 뜨거울 만큼 뜨거웠고
젖을 만큼 젖었고 흔들릴 만큼 흔들렸습니다.

이제는 가을,
색깔로 물들여야 할 계절이기에
잘 익은 열매를 맺혀야 할 때이기에
침묵을 연습하고 있습니다.

가을은 소리가 없습니다.
말없이, 가슴에 맺힌 언어를 태우면서
아쉬운 몸짓으로 사랑을 삭이면서
소리 없이 이 가을을 갑니다.

가을 길

가을은 길이 없다
집을 나서면서 어디엔가 가려 하나
갈 곳이 없어 헤맨다
누렇게 변해가는 떡갈나무 잎이
금방 떨어지려는 미루나무 잎이
붙잡는 것도 아닌데

아마 스치는 바람 때문일 것이다
가을바람은 어디로 와서 어디로 가는지
오는 길 가는 길을 말하지 않는다.
스산하게 왔다가 허전하게 가버리는 그 쓸쓸함
이정표도 없는 시골길이다

길도 없는 가을, 머물 줄 모르는 가을은
인생을 재촉하니
갈 길을 찾지 못하는 나는 가을로 간다.

가을 편지

소슬하게 내리는 초가을 비
창밖을 서성이고
그리움으로 가는 빗줄기 사이로 편지를 쓴다.

두꺼운 골판지에 육두문자로
꾹꾹 눌러 뜨거운 사랑의 언어 찍으니
가슴에서 튀어나오는 글자들이
부르르 떨기도 하고
가끔은 홀랑홀랑 벗기도 한다.

매끈하게 벗은 언어들은 수줍음도 잊은 채
새하얀 봉투에 담겨지고
타다 만 갈잎 우표 한 장 붙이고
우체국 앞 빨간 우체통에 살짝 넣으니
파랗게 그리움으로 나부끼더니
속달우편으로 촉촉하게 비 맞으며 날아간다.

가을의 긴 밤에 답장을 기다린다
손전화 배터리 뽑고 집 전화 코드도 뽑아놓고
손으로 쓴 편지 기다리는데
이 가을 낙엽 지는 계곡을 걷다가

어느 날, 문득 단풍나무
아래에서 가을 편지를 읽고 싶다.

가을 여행

가을 여행을 떠나세요, 혼자 떠나세요.
기차를 타는 게 좋겠어요.
일렁이는 가을 벌판, 낙엽 지는 가을 속으로
아무 말도 하지 말고 그냥 떠나세요.
은빛 억새가 머릿결 흔들며 환영할 거예요.

간이역 만나면 잠시 내려 낯선 풍경과 인사하고
코스모스 구절초 꽃길을 걸어보고
허망하게 서 있는 허수아비도 만나보고
스쳐가는 바람결도 살짝 만져보세요
어디서 왔느냐고 바람이 물으면
바람 따라 알지 못하는 데서 왔다고 말하세요.
어디로 갈 거냐고 물으면
모르는 곳으로 갈 거라고 말하세요.

저녁노을이 기다리고 있어요,
기찻길 끝나는 풍경에서
마른 이파리 이고 서 있는 가을 나무가
발그레 볼 붉히며 수줍은 미소로
친구하고 산 너머 미궁迷宮으로 가잘게요.
가을 여행은, 모르는 데로 알지 못하고 떠나는
끝없는 미로이거든요.

가을 바다

지난여름, 바다는 몸살을 앓았습니다.
그네들의 열정에 왜 출렁이어야 했는지
바다는 아직도 모르고 있습니다.

마시고 춤추고 뒹굴고 치고받고
어느 한편에서는 흥분하여
구역질나는 정액으로 바다를 더럽혔습니다.
염병할 놈의 바다 이야기

이젠 썰물이 빠져나가듯
가을에 쫓겨 모두 떠나갔습니다.
소슬한 가을바람과 함께 찾아온
코스모스와 빈 조가비가
바다의 정취를 되찾게 합니다.

이렇게 조용하고 평화로운 것을
손을 살며시 잡고 거니는 연인의 모습이
이리도 다정한 것을 예전에 미처 몰랐습니다.
가늘게 철썩철썩 철썩이는 사랑물결

이제 바다는 외롭지 않습니다.

갈매기들이 즐겁게 바다 위에서 날고
만선의 고깃배가 바다 가슴을 가르고 지나가며
하얀 모래사장은 임을 기다리니
이게 바로 바다의 모습입니다

가을 사랑

그리 쉬 변하리라곤 미처 생각지 못했어요.
그렇게 뜨겁게 타오르고
그렇게 헉헉 숨 막혔던 것을

그런데 어느덧 얼굴을 싹 바꾸셨네요.
가슴에서 우수수 바람소리 들리고
너무나 차가운 눈빛
낙엽같이 물기를 잃어버린 손
벌써 창문을 닫으라 하시네요.

내 마음을 낙엽 지는 나뭇가지에 걸어놓고
나직한 신음소리로 울고 있어요, 이 가을을

내릴 비 내릴 만큼 다 내렸나요?
불 바람도 불 만큼 불었나요?
사랑도 뜨거울 만큼 뜨거웠나요?
우린 진정 적당히 식어가고 있는 것일까요?

하늘이 예사롭지 않게 멍들고
나뭇잎이 흔들리고 고추잠자리 홀로 날고
계절과 함께 사랑도 저물어가니 나는
이 가을을 혼자 가야겠습니다.

가을 속도

가을은 빠르다
도란도란 흐르는 가을 시내에 발 담그면
차가운 기운, 가슴에 재빨리 스며들듯
산성 수에 리트머스 시험지 붉은색 빠르게 먹혀들듯
가을 산은 어느덧 스멀스멀 붉게 물들어
온 산이 만산홍엽
누구도 저항할 수 없는 뜨거운 독감바이러스에
가을을 앓는다, 아프게

가을은 빠르다
단풍으로 왔다가 낙엽으로 가버리는
머뭇거리지 않는 빠른 날갯짓으로 날아가 버리는
낙엽 떨어지는 속도는 엘레나 이신바예바*
온몸으로 떨어지는 그 순간처럼
덜컥 가슴에 와 닿았다가
한 점, 아픈 점 찍고 소스라치게 놀라
달아나 버린다, 잡을 수 없게

가을은 빠르다
붙잡을 수 없는 카이로스*
고운 임으로 오시는 듯하여 잡으려 했더니

이내 가버리는 덧없는 순간의 한 호흡
뜨겁게 물들었던 염병 같은 것이
어느덧 하얀 안개 잿빛 시체처럼 남기고
영겁으로 사라질 것을
나는 어찌하여 기다렸던가?

* 엘레나 이신바예바 : 러시아, 높이뛰기 세계 신기록 보유자.
* 카이로스 : 헬라 신화. 제우스의 아들, '기회의 신'.

가을 꽃

– 구절초의 고백

옅은 분홍빛 그리움으로 낮은 산자락
그대 오시는 길섶에
무리지어 피어나고 싶었습니다.

맑은 가을 하늘 이고
낮게 깔리는 해저물녘 물안개를 머금고
순백으로 피어나고 싶었습니다.

외롭게 밀어 올린 짧은 꽃 대궁에
오직 한 점,
하얀 가을을 피우고 싶었습니다.

외로운 한기 적이 느끼는 가을밤에
달그림자 밟고 오시는 그대,
그대에게 흠뻑 젖어들고 싶었습니다.

가을 풀

– 억새의 恨

풀이라 불리는 게 너무 서러웠지
나를 좋아하는 이가 없는 듯도 하고
내가 있을 곳도 만만치 않아
후미진 언덕배기 잡초 우거진 계곡
외진 골방이 내가 있어야 할 자리인가 봐
너무 외로워 눈물 지우며
온 밤을 뜬눈으로 하얗게 새워야 했고
시린 가슴 움켜쥐고 빈 하늘만 올려다보며 살았지
가을 곡식은 거둬가는 손길이라도 있었는데
나만 버려지니 하얀 머리 풀고 울어야 했다고
흰머리 이고 뒤돌아선 늙은이의 서러움을…
꽃 지고 풀 마르고 나무들도 앞 다투어 옷 벗으니
세상에 시들지 않은 인생이 어디 있겠냐마는
사시장철 따뜻한 손길 한번 와 닿지 않는 고독에
가슴은 저리고 차가운 바람에 흔들리고 있어
석양을 나는 외기러기는 내 심정을 알 거야

가을 나무

가을 나무는 서로의 간격을 두고 서서
경쟁하듯 잎을 떨어뜨린다.
열매가 풍요롭든 가난하든 그건 안중에 없고
서로의 존재를 의식할 정도로
체온을 느끼는 것으로 만족하며
성긴 거리에서 바라보고만 있다.

가을 나무는 겸손하다
언젠가 빈 몸으로 서 있을 애틋함을 즐기면서
서로 얽매이지 않는 자유로움에
서서히 벗어버리는 홀가분함에 감사하면서
하늘을 향하여
올곧게 살기를 기도한다.

가을 나무는 열매를 탐하지 않는다
한알 두알 다 따가고
남은 열매 있거들랑 까치밥으로 남겨두고
가벼운 몸 즐기면서
시커먼 고목을 그리워한다.
욕심이 잉태하면 죄를 낳는다고*

* 신약성서 야고보서 1장 15절에서 인용함.

가을 햇살

내 마음
보송보송 매만지는
가을 햇살

빨랫줄 빨래
바작바작 말리는
가을 햇살

나무 이파리
울긋불긋 물들이는
가을 햇살

하늘에서 내리는
해의 살[射],
투명한 가을을 만들고 있다

가을 바람 · 1

나뭇잎 가벼이 흔드는 것은
가지가 아니고 바람입니다.

이파리 붉고 노랗게 물들이는 것은
햇볕이 아니고 바람입니다.

고추잠자리 미소 헹가래치는 것은
하늘이 아니고 바람입니다.

가을, 햇빛 반짝이는 바다에
돛단배 만선으로 귀항하는 것은 바람所願입니다.

내 마음, 이따금 빈 하늘에 흔들리는 것은
나이가 아니라 바람祈禱입니다.

가을 바람 · 2

가을바람 차가운 손끝
창가에 나붓나붓 어른거리면
창문을 닫아야 했어
시린 어깨 더 외로워지지 않기 위해,
문을 닫더라도
마음은 닫지 말아야지

가을바람 을씨년스런 비를 몰고
창문을 두드리면
나는 한 마리 푸른 물고기가 되거든
외로움 하나 눈물방울 되어
가슴에 떨어지니
비늘은 유난히 푸르게 반짝이고

가을바람 겨울을 데리고 오려나 봐
눈 오는 거리, 끊긴 인적 그리고 외로움
그 때에 나는 창문을 열 거야
마음의 창을, 사랑하는 그이가 오기를
기다릴 거야
바람으로라도 오겠지

가을 인사

상강霜降 지난가을이
모자를 벗고
흰 머리 조아려 인사를 한다.
'안녕, 잘 있어'

억새 하얀 머리털 반짝이면서
길 위에 흰 서리 깔며
손짓한다.
'안녕, 잘 가'

가을은 다 희다.
안녕이라는 말도 희고
떠나는 뒷모습도 희다
생각마저도 하얗게 빈 콩깍지

그래도 가을은 가난하지 않다
말끔히 비우고 가는
가을이 눈부시게 배부르다

마른 꽃잎 한 장

마른 꽃잎 한 장
바람도 없는데 툭 떨어진다.

코끝으로
살며시 집어든다.

어느샌가 풋풋함은 날아가 버리고
건조한 향기 아릿하다

간직하고픈 흔적으로
책갈피에 살짝 꽂아 둔다.

가을은 간다 할지라도
어여쁜 당신은 썩지 않을 사랑으로
내 가슴에 남아 있을 것이다

제 6 부
사람들의 이야기

당신이 만일 외롭다면
시를 쓰지 마세요.
시에는 시인을 사르는 불꽃이 있어요,
더 많이 외롭게 하는

누군가에게 무엇이 되어

누군가에게 무엇이 된다는 것은

아무에게나 내가

아무것도 아닌 것이 된다는 것입니다

수건 한 장

당신이 준

수건 한 장

내 가슴에 살며시 올려놓으니

당신 손길이 슬며시 와 닿아

내 눈물 닦아 주네

수건 한 장

당신 마음

그리운 그 이

외로움인가
그리움인가
내 마음을 날같이 아실이*
어디에 있는가?

아, 그립다.
내 마음 날같이 아실이
꿈에나 보이려나
아득한 그 이

양초에 불 밝히고 향香이라도 보내오면
불빛 환한 그대 모습
그림자로라도 보이오리
고운 환상으로

* 김영랑의 '내 마음 아실이'에서 차용함.

부부합장夫婦合掌

부부는 서로 기댄다는 것
혼자가 아니라는 것

무너질 것 같은 남편에게
아내가 가만히 버텨주고 가끔
흔들리는 아내를
남편이 슬며시 잡아주는

이 덜컹거리는 세상
수십 번 주저앉고 싶고
온몸이 와르르 무너질 것 같은데
서로 기댄 부부 있어
간신히 버티며 오늘까지 살았지

부부가 함께 아니었다면 얼마
나 많이 망가졌을까?
버텨주느라 옆구리 많이 결렸을지라도
서로 기대어 주는 합장이
이렇게 행복한 것을

부부연가夫婦戀歌

– 구약성서 창세기 2:18–24 읽고

진흙으로 나를 빚었던 창조주가
당신도 빚었으니
당신과 나는 진흙 한 덩이

홍수 같은 험한 세상 물살 휘몰아
당신과 나 허물려 해도
우리는 이리저리 섞여 한통속이 되었지요

내 진흙 속에 당신 진흙이 있고
당신 진흙 속에 내 진흙이 있으니
우리는 하나입니다.

당신은 내 뼈 중의 뼈
내 살 중의 살
나눌 수 없는 한몸
당신 있으매 내가 있는

나 진흙으로 돌아간다 해도
하나였던 당신 몸짓 잊을 수 없으니
천국에서도 하나일 것입니다.

아내에게 보내는 헌사獻辭

내가 당신을 버릴 수 없는 것은
곱고 아름다워서가 아닙니다.
당신은 아름다워지고자 얼굴을 가꾸고
몸매에 신경을 쓰지요.
얼짱, 몸짱에 신경 쓰는 당신을 보고 나는
웃었습니다.
당신이 만일에 깨어진 쪽박이 되고
이 빠진 찻잔이라 할지라도
내가 당신을 버릴 수 없는 것은
내가 사랑하기 때문입니다.

나는 당신을 당신 그대로 사랑합니다.

결혼반지

18금 링 결혼반지를
눈 뜨자마자 매만진다.
간밤에도 파란 눈을 뜨고 날 지켜주었지,
한밤도 잠들지 않은 채

모나지 않는 동그라미가
무한한 우주를 안고
내 손마디에 머물러 있어
가슴에 지워지지 않는 사랑의 부싯돌 되어
수수한 빛으로 반짝인다.

나는 힘들 때마다
괴롭고 절망스러울 때마다
외로울 때마다
18금 링 결혼반지를 본다.

누구도 빼앗을 수 없는 것
사랑 그리고 희망
항상 나와 같이하는 것
변할 수 없는 내 아내와의 약속을 담은
18금짤리 결혼반지

주름

눈물이 얼굴주름을 타고 흐른다.
허망하게 늙어버린 미소가 입주름을 따라 스친다.
진저리나도록 고단한 땀이 목주름에 고인다.

나도 이제는
삶의 주름을 접었다 폈다 할 나이가 되었다.

주름은 삶의 나이테,
생활이 나에게 주름을 만들어 주었다.

한번 접어진 주름은 펴질 줄을 모르고
주름 속에서 한숨소리가 새어나온다.
주름에는 손가락 하나도 들어갈 틈도 없다.

내가 주름을 접을 때,
삶의 틈이 삐그덕거리는 것을 알았다.
이것이 아픔이고 슬픔이었다.

아버지 마음

아버지는 이미 마음을 버렸다
아버지를 졸업한 거야
아버지의 아들이 아버지가 되었으니
이제는 아버지가 필요 없고
자식 있는 아버지 되어
아버지의 마음을 앓는다.

아버지의 눈에는 눈물이 없다
눈물을 술잔에 그득 담아 다 마셔버렸으니
아버지는 이제 울 일도 없다
울어서는 안 된다
눈물도 없는 아버지는 세상에서
가장 외로운 사람이다
비록 자식을 낳은 위대한 사람이지만

아버지는 항상 혼자다
자식들에게 모든 것을 다 주어버렸으니
남은 것은 앙상한 검은 등뼈뿐
주름으로 깊게 파인 얼굴에는
미소조차 말라가니
아버지는 웃지 않아야 한다.

한세월

구두 한 켤레 뒤축이 많이 닳은 것을 보고야
내가 많이 걸어온 것을 알았다.
참으로 많은 일들을 겪은 한세월
가까이서 보면 비극 멀리서 보면 희극 인생
울고 웃으며 살아온 한세월
빛 바랜 앨범을 펼쳐보는 한 편의 드라마
걸어온 길을 뒤돌아보니 먼지만 뽀얗다.
세월은 썰물처럼 빠져나가는데,
해변에 남겨진 조가비들 앙증스럽게 예쁘다.
나는 세월을 후회하지 않는다.
굳이 족적足跡을 지우고 싶지는 않다.
구겨졌으면 구겨진 대로 작은 흔적이라도
다음 밀물 때까지는 가지고 있을 것이다.
나, 언젠가는 구두에 묻은 먼지 훌훌 털고
구두 한 켤레 벗어놓고
발자국도 없이 홀연히 사라져 버릴 것이다.
영원 속으로 흔적도 없이

간격

사람과 사람 사이에는 간격이 있다
간격에는 사랑도 미움도 있다
미움을 지우기 위해서 간격을 한땀 한땀 기워간다

깁기 위해서는 바늘과 실이 있어야 하듯
사랑하기 위해서는 찌르는 아픔과
벌어진 틈을 탱탱하게 잡아당기는 긴장이 필요할 것이다
긴장할 때 땀汗이 난다

아파보지 못한 사랑은 사랑이 아니다
땀 흘려보지 않은 사랑도 사랑이 아니다

가끔은 간격이 필요할 때도 있지만
간격이 틈이 되도록 오래 버려두어서는 안 될 것이다
서로를 깁는 사랑, 땀으로 틈을 메우자

생生이 흔들릴 때

흔들어대는 바람 때문에
나무가 자란다는 것을 몰랐습니다.
잎을 적시는 빗물 때문에
나뭇잎이 반짝이는 것을 몰랐습니다.
메마른 장마 때문에
나무뿌리가 깊어지는 것을 몰랐습니다.

모진 세파에 몸 부대껴 흔들리면서
성숙해지는 것을 알았습니다.
슬픈 눈물 뺨을 비벼대며 쓸어내릴 때
영혼이 깨끗해지는 것을 알았습니다.
온몸을 달구는 통증이 전신을 휘감을 때
생의 뿌리가 깊어지는 것을 알았습니다.

예수의 십자가도 흔들리거나 꿈틀거렸을 것입니다.
생의 나무도 흔들리면서 자라는 것을 알았습니다.

공중전화 부스

외로운 노인 하나 서 있었지
낙엽 흩날리고 노을 비껴가는 어느 길가에
오른손에 입과 귀를 달고
왼손으로는 누구든 안으려는 몸짓으로
누구든 잠시라도 들어설 수 있는
가슴을 열어 놓고
사람 오기를 기다리고 있었지

한때 그 노인을 만나기 위해서
긴 행렬로 문전성시를 이루기도 했고
그 노인과 이야기하기 위해
앞 다투거나 주먹다짐도 했잖아

지금은 인적마저 끊긴
한적한 오후, 인생의 황혼
오가는 사람이 없어
사람 마음이 이리도 무상한 것을

누구라도 찾아오기를
기다리는 마음
한마디의 말이라도 듣고

그림자라도 한 점 만지고 싶어할 것이다

길가에 밤낮 서 있어야 하는 외로움은
장승같이 먼 하늘을 바라보며
가는 세월에 몸을 싣고 떠나고 싶어한다
언제까지 그 노인 그렇게 세워둘 것인가?

빈 의자

대합실 한쪽 빈자리
누군가를 기다리는 사람에게
내주고 싶다
잠시 쉬었다가 가라고

가는 사람 붙잡지 않는다
항상 의자는 혼자
외로움에 이골이 났으니
혼자라도 슬프지 않다

가는 사람 가면
의자는 또 다른 사람을 기다리지
미아리의 창녀처럼
기다리는 것이 의자의 직업이니까

빈 의자이기에
빈 마음으로 기다리며
대합실 한쪽에 있다
의자는 항상 대림절*이다

* 대림절(待臨節 혹 降臨節, Advent) : 기독교에서 다시 오시는 그리스도를 기다리는 성탄절 전 4주간의 절기.

구유 이야기

한번 안아보고 싶어서
깎이고 파여서
어느 외양간 짐승 똥내 나는
낮은 자리에 놓였습니다.

한번 안아보고 싶어서
마음 비우고
간절하게
기다리고 있었습니다.

한번 안아보고 싶어서
오시는 영원한 생명을 맞을
따뜻한 숨결로
작은 구유가 되었습니다.

순수한 사랑

– 성자 탄생에 부치는 시

주님은 크리스마스 트리처럼
반짝이지 않았습니다.
유혹하는 손짓도 없이
수줍은 미소만 띠고 있었습니다.

주님은 남들보다 아름답지 않았습니다.
고치지 않은 맨 얼굴
화장기조차 없는
순수 그대로이었습니다.

손 내밀면 잡을 수 있는 거리에
가슴 두근거림을 들을 수 있는 지척에
같은 공기를 마시는 한 기도 속에
계시는 주님을 좋아합니다.

아무 이유도 없이
있는 그대로
거룩하게 태어나는
아름다운 주님을 사랑합니다.

웃어버리자

나는 울고 싶을 때 웃어버린다
슬픔 같은 것을 지우기 위해서 웃는 것은 아니다

가슴이 답답할 때 나오는 한숨은
눈물 같은 것이지만
운다고 해서 뭐가 되는 것도 아니고, 실패가
성공이 되는 것도 아니기에 웃는 것이 좋을 것 같아
가슴 터지게 웃어버린다

슬프게 웃고 처량하게 웃는 것이 좋다
웃는 것은 쾌락이 아니다
더 이상 울고 싶지 않도록 웃어버리는 것이
깨달음이고 행복인 것을

울고 싶을 때 웃어버리자

울어버리자

슬픈 일이 있을 때는 울어버리자
슬픔 같은 것을 삭이기 위해서 우는 것은 아니다
울음은 새로운 출발이고
통쾌한 기쁨을 누리기 위한 폭죽爆竹 같은 것이기에
새로워지기 위해서는 울어버리자
내가 어머니의 태 속에서 웅크리고 살다가
자궁을 벗어나는 순간, 시원한 세상에 나왔을 때
까무러치게 울어버린 것처럼
운다는 것은 새로운 시작인 것을
슬픈 가을 문턱에서 풀벌레가 우는 것은
저들도 세상을 알았기 때문일 것이다
울어보지 못하는 자에게는 깨달음도 없다
눈물을 병에 담아 명상하거나
울면서 빵을 씹을 때에
삶에의 깨달음이 새록새록 터져 나온다
나는 웃는 철학자를 본 일이 없다
답답하거나 괴로울 때
슬프고 서운할 때는 실컷 울어버리자

입김

유리창에 분 하얀 입김,
내 숨결 위에 그 사람 이름을 써본다.
그대는 내 호흡이라고
시린 가슴에 닿은 내 숨결,
그대 숨결
참 따뜻하구나.

입김으로라도 닿을 수 있다는 것
뽀얀 입맞춤
그것은 사랑이어라.

마음을 녹이는 손짓 몸짓
지울 수 있으면서도 지울 수 없는
사랑의 숨결을 가슴에,
환한 유리창 같은 가슴에 적는다.
지워지지 않으라고

스며드는 물

노태우 전 대통령이 물태우란 말을 들었을 때
엄청 시원~했을 것이다
나도 물 같은 사람이 되었으면 좋겠다.
두루뭉술하게 날카롭거나 모나지 않게
아주 둥글지도 않고 그저 둥글게
늙은 어머니 뱃가죽같이 헐겁게
모든 것을 포용하며 내 존재마저 지운 채
시궁창 같은 방죽에 피어난 백련白蓮같이
그림자를 머금은 꽃 한 송이 생명으로 생성生成하는
환한 미소를 간직하고 앉아서
세상을 응시하는 부처로 살고 싶다

물은 하나님의 그림자影이고
신령한 영靈의 이미지
지구의 뺨을 타고 흐르는, 우주의 한 눈물 같은 것

예수님의 마음으로 세상을 바라보면서
사람 속까지 스며드는 물같이
신선하게 살아가는 사람이면 좋겠다.

발

발을 바라보다가 발足이 허공에 넘어지는 것을 느꼈다

밖에서 안을 들여다보지 말라고 발을 쳐 놓았는데
발 밖에 아름다운 여인이 서 있기에 발 사이로 바라보다가
발을 헛디디고
발 사이에 빠져드는 것을 알았다

발은 감추려는 것이 아니라
부끄러움을 노출시키려는 마음 같아

발 사이에 허공이 있었다.

나는 발과 발 사이를 걷는다, 허공을 걷다가
숨길 수 없는 허물 같은 것들이 발 사이에 있는 것을 보고
허물을 줍기 위하여 허리를 굽히는 사이
아름다운 여인은 사라져 버리고
나는 발 앞에 서서 그냥 내 발만 바라보고 있다

당신이 만일 외롭다면

당신이 만일 외롭다면
꽃을 보지 마세요.
꽃에는 사람을 죽이는 중독성이 있어요,
더 많이 외롭게 하는

당신이 만일 외롭다면
혼자 걷지 마세요.
혼자에게는 주체 못할 몰입이 있어요,
더 많이 외롭게 하는

당신이 만일 외롭다면
시를 쓰지 마세요.
시에는 시인을 사르는 불꽃이 있어요,
더 많이 외롭게 하는

당신이 만일 외롭다면
굴렁쇠를 굴리세요.
굴렁쇠에는 세월의 날개가 있어요,
외로움까지 날려버리는

청소부

청소부, 환경미화원이라는
거창한 이름으로 불리는 새벽의 사람은
권태를 줍고 게으름을 쓸어낸다.
누가 말을 했지, '지구를 청소한다'고
하지만, 나는 아니다.
내 마음 한 조각 깨끗이하기도 이리
버거운데 무슨 지구까지…
골목길에 떨어진 근심 걱정 그리고 불안까지
쓸고 다니다 보면 마음이 환해지는 것을
내 영혼의 뒤켠, 내가
어지럽혔던 지저분한 흔적들을
쓰레기통에 쓸어 담으면서
오늘도 깨끗하게 하루를 살고 싶다.

자화상自畵像

바보처럼 살지 못해서
부끄럽다

바보만도 못한 나
비우고 잘라내고
지웠어도, 어느 틈엔가 자라나는
그 놈, 바보 같지도 못한 놈

'안다고 나대고,
어디 가서 대접받길 바란 내가
제일 바보같이 산 것 같다'
말한 김수한 추기경이 존경스럽다

병든 수캐마냥 헐떡거리며 나는*
지우지 못하고 살았다

* 서정주의 「자화상」에서 차용함.

■ 작품해설

투명한 풀벌레의 미학美學

정 군 수
(시인, 전북대학교 평생교육원 문예창작과 교수)

1. 시인과 만남

이수以脩님으로부터 시집 해설의 부탁을 받고 나는 정중하게 사양을 했다. 나보다도 인생의 경륜이 많고 오랜 세월 동안 목사님으로서 성직을 천직으로 삼아 생활해 오신 분의 글을 해설을 한다는 것이 나의 분에 맞지 않기 때문이었다. 그러나 그 뒤 다시 원고를 들고 강의실로 찾아오셨을 때는 더는 사양을 할 수가 없었다. 이수님의 어린아이 같은 순수한 얼굴과 수식어를 생략하신 진지한 그 말씀을 그냥 뒤돌릴 수가 없었다.

원고를 받아들고 온 날부터 며칠을 조금씩 읽었다. 한꺼번에 많은 시를 읽을 수가 없었다. 내가 시 속으로 들어가는 것이 아니라 시가 나를 자기 안에 가두고 놓아주지 않았기 때문이다. 시 속에서는 나는 생을 짓는 풀벌레의 투명한 울음소리가 들었고 우주를 지나가는 바람소리를 들었다. 그리고 자기성찰로 고뇌하는 성직자의 샘물 같은 삶을 보았고, 꽃을 노래하는 대자연의 교향악을 들었다.

게오르규는 "미美와 성聖은 하나이며 동질의 것이다. 성스러운 것은 아름답고, 아름다운 것은 성스러운 것이다."라고 말했다. 이는 이수님의 삶 속에서 우러난 명징한 시 세계를 대신한 말이라고도 할 수 있다. 성직자로서 시인으로서 살아오신 한 인간의 진실한 모습이 오롯이 시 속에 담겨 있음을 보았다. 그의 시는 기도의 목소리였고, 찬양의 노래였다. 문학과 종교가 시라는 틀 속에 꽃을 피우고 있었다.

이수님의 이 시집에는 백사십여 편의 시가 담겨 있다. 꽃이 필 때 세상의 눈치를 보지 않고 자연스럽게 피어나듯이 이수님의 연륜과 삶이 시적 장치에 얽매임이 없이 가을물처럼 맑게 흐르고 있었다. 중국의 최초의 시집인 『시경詩經』을 편찬한 공자孔子는 "시 삼백 편을 한마디로 말한다면 생각에 사악함이 없는 것이다(詩三百一言以蔽之曰思無邪)."라고 했다. 시 삼백 편은 『시경』에 있는 시를 말한 것이다. '사무사思無邪'는 시인이 지향하는 마음 밑바닥에서 샘솟는 인간의 본향이며 정직한 마음이다. 이수님의 백사십여 편의 시를 읽으며 나는 시의 본질이 인간의 마음을 순수하게 하는 교화에 있다는 것을 새삼 느꼈다. 맑고 깨끗한 시. 이슬 먹고 자란 풀벌레처럼 투명한 시를 보며 나도 이수님처럼 잠 못 들고 순수한 삶의 의미를 시 속에서 더듬어 갔다.

2. 시와 만남

첫 장을 열면 「서시序詩」가 나온다. 시의 본문이 나오기 전에 먼저 실린 두 편 중의 하나이다. 왜 이 시를 윤동주의 「서시」처럼 책머리에 넣었는가를 맑은 언어로 전해주고 있다.

아침 하늘이 십자가 종탑 위에
펼쳐질 때면 나는
투명한 이슬 머금은 풀벌레처럼
하늘의 언어를 기다린다.

하늘의 소리,
오늘의 만남처럼
햇살에 금방 스러질지라도
시를 쓰고자
맨손으로 내 영혼을 긁적거린다.

맑은 노래,
부끄러움 없는 몸짓으로
잘 익은 한 마디가
태어나기를 기다린다.

시를 그린다.
사랑을 노래하는 마음으로
살아 있는 모든 날을

오늘도 시를 쓰고 싶다.

— 「서시序詩」 전문

십자가 종탑 아래 두 손을 합장하고 하늘의 소리를 기다리는 목회자의 모습을 본다. 아니 아침이슬을 머금은 풀벌레처럼 하늘의 언어를 기다리는 시인을 본다. 시의 언어는 그가 찾는 기도이며 목소리다. 시의 언어가 하늘에서 내려질 때 그의 기도는 맑아지고 영롱한 빛을 찾는다. 밤새 잠 못 이루고 이루어낸 시의 언어는 성경의 말씀처럼 맑게 울려온다. 성직자로 살아오신 이수님의 뼈를 깎는 자아성찰이 아침 하늘을 이고 서 있는 십자가 종탑의 울림처럼 전해온다. 풀벌레의 울음은 시인의 울음이며 영혼의 음성을 기다리는 기도이다. 마디마디 깨끗한 언어들이 이슬처럼 맺혀 있다. 하늘의 소리를 시로 승화시키고자 모든 날을 간구하며 살아오신 고귀한 삶을 본다. 이 시집을 여는 「서시序詩」에서 앞으로 전개될 시의 모습이 아침햇살에 떠오르는 자연의 모습처럼 눈앞에 펼쳐진다.

다음 시는 본문이 나오기 전 「서시」 다음 두 번째 나오는 시다. 시인은 이 시로 시집의 제목을 삼았다. 이 시에서 우리는 끊임없이 성찰하며 살아가는 목회자의 모습을 볼 수 있다.

어디서 오는가,
저 맑음은

하늘에서 내려

풀잎에 맺힌 물방울 하나
울음이 되고

서러운 울음 먹은 풀벌레
속이 환히 보이는 노래 부른다
맑게 살자고,
하늘의 언어로

이슬을 먹고 자란 풀벌레는 투명하다

풀벌레의 노래는 맑은 시가 된다.
―「이슬을 먹고 자란 풀벌레는 투명하다」 전문

이 시집의 제목으로 삼은 시이다. "이슬을 먹고 자란 풀벌레는 투명하다"라는 시구 속에는 비단으로 짜여진 메타포가 숨어 있다. "이슬을 먹고 자란 풀벌레"는 시적화자가 추구하는 지극지선至極至善의 삶이며, 자신의 모습이기도 하다. 시인은 "언어의 연금술사다"라는 말이 실감으로 전해온다. 아니, 문득 깨우친 진리처럼 새로운 경이감으로 마음이 설렌다. 시인이 다른 사람의 시를 보고 놀란다는 것은 부러움이다. G. 바슐라르는 "시는 순간의 형이상학이다. 하나의 짧은 시편 속에서 우주의 비전과 영혼의 비밀과 존재와 사물을 동시에 제시해야 하다."라고 하였다. 여기에서 '순간의 형이상학'이란 이수님이 나타내고자 한 '영감에 의한 계시'이다. 영감은 부단한 자기성찰에서 오는 깨우침이다. 하늘을 우러러 한 점 부끄럼이 없이 살기를 염

원했던 시인처럼 자신의 삶을 깎고 다듬으며 살아오신 시적화자의 모습이 한 편의 시로 승화하여 투명한 수정처럼 자기 모습을 세상에 드러내 보이고 있다. 풀벌레는 하늘의 언어로 가사를 짓고 속이 환히 보이는 노래를 부른다. 고귀한 삶이 무엇인지를 시인은 투명한 기도로 언어로 우리 앞에 보여주고 있다.

시집 『이슬을 먹고 자란 풀벌레는 투명하다』는 6부로 나누어져 있다. 각 부의 첫머리에는 시인의 진솔한 육성이 나타나 있다. 바위가 깨어지고 감추어져 있던 비밀이 햇볕 속에 드러나듯 가슴에 묻어두었던 생의 아픔과 진실을 다 드러내 보이고 있다. 우주를 건너온 바람이 속삭이듯 1부의 머리에서 시인은 이렇게 말하고 있다. "시가 태어난다는 것은 죽음이었습니다. 죽지 않고서야 어찌 시의 탄생을 기대하겠습니까? 죽도록 노래하고 죽을힘을 다해 울어도 죽지 못함이 너무 한스러워 광활한 벌판을 방황하고 산을 넘었습니다. 시를 위하여." 죽음이라는 극한상황을 생각하지 않고는 시를 탄생시킬 수 없다는 그 절체절명의 사명감 앞에서 시는 더욱 보석처럼 빛나고 이슬처럼 투명하게 밝아온다.

처마 끝에 매달린 고드름 아침 햇살에 반짝이며
방울방울 녹아내리는 것을
보았습니다,
온 지붕 덮고 있던 하얀 눈이불
스멀스멀 움직이는 것을.

내 마음 따스해지면서

잠가두었던 몸 빗장 열리고
누구든 들어오기를 바라는 것을
보았습니다,
서서히 움직이면서 허물어지는 것을.

그때, 십자가 종탑에서 하늘의 은총
고운 봄빛이 소리 없이 아른거리는 것을
보았습니다,
봄은 조용한 움직임으로 오는 것을.

―「봄[春/視] 움직임」 전문

죽도록 노래하고 죽을힘을 다해 울었을 때 시의 정서는 샘물처럼 맑아진다. 자기를 깎아내기 위한 자아성찰이 있고 난 뒤에 시의 영혼은 새벽별같이 눈을 뜬다. 혹독한 겨울의 추위가 있고 난 뒤에 찾아온 봄햇살이 지붕에 쌓인 흰 눈을 녹여내면 처마 끝에는 고드름이 열린다. 눈물 같은 물방울을 떨어뜨리며 주렁주렁 매달린 고드름은 겨울의 고통을 인내하고 다시 태어난 시적화자의 모습이다. 스멀스멀 녹아내리는 지붕 위의 하얀 눈도, 툭툭 소리를 내며 떨어지는 고드름도 잠가두었던 봄 빗장을 열고 세상을 받아들이고 있다. 겨울의 칩거에서 벗어나 환한 세상으로 마음의 문을 열고 있다. 서서히 움직이며 허물어지는 것은 아집을 버리고 만물과 동화되어가는 시적화자의 모습이다. 허물어져야만이 세상과 교감을 가질 수 있다는 생각이 그를 시인으로 만들었고, 묵상하며 기도하게 만든 것이다.

그때 십자가 종탑에서 아른거리는 봄별은 무엇을 상징하는가? 왜 그의 눈이 머문 곳이 십자가 종탑인가? 고운 별으로 소리 없이 다가서는 것은 누구의 발소리인가? 이러한 의문은 시인이 목회자라는 것을 굳이 밝히지 않아도 시의 치열성과 순수함이 이를 대신 말해주고 있다.

분명 봄은 움직이고 있다. 한 편의 시를 탄생시키기 위해서 광활한 벌판을 가로질러온 그의 삶을 뛰어넘어 시는 조용하게 다가오고 있다. 고통을 인내한 꽃은 화려하지 않다. 천둥처럼 울어대던 욕망을 잠재우고 조용한 봄날의 눈빛으로 그의 시는 다시 태어난다.

제 2부의 부제목은 '꽃들의 미소'이다. 머리말에서 시인은 이렇게 말을 하고 있다. "꽃에는 살인의 흔적이 있다. 달콤한 독이 든 혓바닥, 가냘픈 입술의 칼날, 향기 가득한 죽음의 잔, 사랑으로 피어나는 꽃은 모두 독약이다." 이 구절 속에는 반어와 풍자와 상징의 꽃이 한곳에 어우러져 피어 있다. 24편의 꽃을 소재한 시가 이렇게 꽃밭을 이루고 있다. 자연과의 교감을 통하여 피어나는 꽃잎 하나에서 새로 탄생하는 별을 보고, 꽃을 흔들고 지나가는 바람에서 닿을 수 없는 영원한 별리를 짐작하기도 한다. 감탄의 극치를 넘어선 꽃의 아름다움과 순수함을 시인은 이렇게 표현했으리라. 이슬이 내리는 밤이면 투명한 풀벌레가 되어 잠 못 들고 이 꽃밭에서 울음으로 지새웠으리라.

봄비 촉촉이 내리던 어느 날 아침에
바람에 끌려 변산邊山에 갔더니

축축하게 쌓인 낙엽 사이로 점점이 하얗게
작은 요정이 피어나고 있었지요.
다른 꽃들 미처 겨울잠에서 깨어나기도 전인데
봄바람과 사랑하다가 들켜버린 바람꽃,
솜털 보송보송 날리는 부끄러움으로
산골짜기 바람맞이에 피고 있네요.
덧없이 짧게 피기에 배나 아름다운 수줍음으로
부끄러움 삼키는 봄 새아기 순박함이여!
산허리 달리는 노루가 그리웠나요?
가는 꽃 대궁에 매달린 주뼛주뼛한 그리움이여!
야생동물 피해 독을 머금은 생존방식生存方式
꽃샘추위 씹으면서 곱게 피는 삶의 그윽함이여!

—「노루귀」 전문

변산의 봄이 시 속에 가득하다. 봄비를 맞고 부시럭거리며 산이 눈뜨는 소리가 들린다. 봄비 내리는 날 시적화자가 찾아간 변산 계곡, 아직 잎도 피어 나지 않은 숲그늘 가랑잎을 헤치고 나온 노루귀는 그야말로 경이로움이다. 작은 노루새끼 귀마냥 솜털 보송보송 날리며 피어있는 노루귀는 산의 정령이다. 너무도 고귀하고 순진무구한 산꽃, 감탄의 의미를 넘어서 그는 침을 삼키며 숨을 죽이고 바라보고 있다. 행여 노루새끼처럼 놀라 달아날까봐 꼼짝 않고 바라보고 있는 모습은 우주 속에 새로 나타난 별이 사라질까봐 망원경에서 눈을 떼지 못하고 있는 천문학자와 무엇이 다르랴? 그러나 시인은 우주 밖의 또 다른 세상을 본다. '봄바람과 사랑하다 들켜버린 바람꽃'이라

표현함으로써 작은 식물 '노루귀'를 통하여 인간에 대한 무한한 그리움과 사랑을 노래하고 있다. 제2부에 나타난 24편의 꽃을 소재로 쓴 시는 대부분 '노루귀'처럼 자연과의 교감을 통하여 시인의 맑고 깨끗한 마음의 세계를 꽃과 함께 그려내고 있다.

이 시를 보면 이수 시인이 얼마나 시의 음악성을 중요하게 여겼는가를 알 수 있다. 시의 종결어미를 '있다'의 활용형 '있었지요' '있네요'를 반복하여 사용함으로써 노루꽃에 대한 아름답고 귀여운 이미지를 긍정적으로 전달하고 있다. 시에 접근하는 독자의 마음을 순수한 동심의 세계로 자연스럽게 인도하고 있다. 시에서의 리듬은 세련된 옷과 같아 정서의 흐름을 아름답고 유려하게 만든다. 음악성이 결여된 시는 그 의미가 아무리 충실하다 하더라도 메마르기 그지없다. 삭막하고 거칠어 편히 쉬어갈 곳이 없다. 이 시를 읽으면 포근하고 아늑한 분위가 몸으로 배어든다. 우리의 고려가요 「가시리」나 「청산별곡」을 읽어보면 물 흐르듯 자연스러운 가락이 절로 몸에 스며든다. 그것은 우리의 전통적 가락과 정서가 몸에 배어 있기 때문이다. 누가 말하지 않아도 가르쳐주지 않아도 기회를 만나면 흥겨운 멋에 젖을 수가 있다. 이수 시에 나타난 이러한 율격이 한층 깊은 정서의 세계로 독자를 인도한다.

제3부 「나무들의 속삭임」에서는 나무의 속성을 통하여 인간의 살아가는 모습을 아름답게 교시하고 있다. 머리에서 시인은 우리에게 삶의 방정식을 이렇게 들려주고 있다. "나무는 안다. 우쭐대며 웃자라면 이웃 나무가 자라는 것을 막는다는 것을, 아무리 힘들고 고단해도 바닥에 누워서는 안 된다는 것을, 유

혹의 손길이 잡아끌어도 하늘만 보고 반듯하게 자라야 한다는 것을." 협동하며 견제하며 함께 살아나가는 삶을. 아무리 어렵고 힘들더라도 인간으로서의 근본 도리를 실행해야 한다는 것을. 그리고 하늘이 왜 우리를 사람으로 만들어 이 세상에 내보냈는가를 명징한 시어로 제시하고 있다. 눈 한번 흘기지 않고 이렇듯 감동어린 시어로 깨우침을 주고 있다.

다소곳이 곱게 커서
누구의 마음에라도 깃들일 수 있는
나무가 되고 싶다

지나가는 바람마저
그냥 가지 못하고 잠시 쉬어갈 수 있는
나무가 되고 싶다

땀 흘리며 수고한 농부가
허리띠 풀고 잠시라도 낮잠 잘 수 있는
나무가 되고 싶다

초승달 외로이 달랑 걸려
사랑하는 이 애타게 기다릴 수 있는
나무가 되고 싶다

철없는 아이들이 한껏 뛰놀다가
멈춰 서서 바라보고는 꿈꾸는 아름드리

나무가 되고 싶다

—「나무가 되고 싶다」 전문

5연으로 된 이 시는 각 연의 마지막 행을 '나무가 되고 싶다'는 원망願望형의 서술어로 종결짓고 있다. 이러한 서술어의 반복은 운율의 효과와 더불어 시적화자의 의지가 강조되어 나타난다. 나무가 살아가는 모습은 시인이 추구하는 고결한 삶의 자세이다. 나무가 다소곳이 곱게 커서 자라는 것은 자기 성장을 추구한 것이 아니라 오로지 이타적인 삶, 누구의 마음도 깃들일 수 있고, 바람도 쉬어갈 수 있고, 땀 흘리며 수고한 농부도 쉬어갈 수 있는 편한 자리이다.

이러한 자리를 마련하기 위하여 시인은 부단히 자기의 욕망을 깎고 다듬었다. 빽빽하게 자란 가지에는 바람이 쉬어갈 수 없다. 톱질을 하고 전지를 하여 가지를 성글게 하였다. 그 가지 사이로 태양의 그림자가 넘나들며 바람이 쉬어간다. 넓은 마음으로 자리를 내어주고 홀로 명상에 잠겨 있는 나무, 그것이 시인의 나무이다. 시인의 나무는 고독하다. 초승달 달랑 걸려 사랑하는 이 기다리는 나무, 가슴이 저리도록 외로움이 스며든다. 이 외로움이 고결한 삶을 만들어 내고 겨울하늘에 걸려 있는 달처럼 차고 맑은 쇳소리 나는 시를 쓰게 만든 것이다.

시인의 나무는 거목이 되어 고대광실을 짓기 위하여 자라지 않는다. 나이테에는 시인의 삶이 무늬처럼 나타나 있다. 한땀 한땀 수를 놓듯 생을 그려 넣은 나이테는 시인의 역정歷程이다. 그 나이테로 굵어진 아름드리나무를 시적화자는 철없는 아이들에게 보이고 싶어한다. 타고르는 그의 시 「바닷가에서」 순진무구한 아이들에게 바닷가는 영원한 놀이터라고 했다. 바닷가와 어린아이를 통하여 인간과 우주와의 교감을 그려내고 있다. 시적화자는 자기의 무늬가 새겨진 아름드리나무가 우리 아이들에게 꿈을 갖게 하는 대상이 되고 싶은 것이다.

제4부 「산과 바다 그리고 하늘」에서는 인간이 추구하는 자연에 대한 동경이 산과 바다와 하늘로 대표되는 상관물로 나타나 있다. 화가가 캔버스 앞에서 자연의 혼을 불러들이려고 고뇌하는 것처럼 시인은 자기 안에 우주를 담으려고 고뇌하고 있다. 그 우주는 바람이 되어 나타나기도 하고 새벽바다를 여는 어부의 노래가 되기도 하고 겨울밤의 별이 되기도 한다. 4부의 머리에서 시인은 이렇게 말하고 있다. "바다가 출렁이는 것은 하늘을 안았기 때문이리라. 하늘 구멍으로 보이는 우주. 우주의 꿈을 담았기에 오늘도 하염없이 일렁이고 있을 것이다." 바다가 하늘을 안고 출렁이는 것은 우주의 꿈을 담았기 때문이라는 범우주론적인 사상이 자연과의 교감을 통하여 4부 전편에 흐르고 있다.

하나님이 거기 계셨다. 새벽바다에
어둠을 밀어내시고
사람이 거기 있었다. 새벽바다에
지난밤을 걷어내면서

구시포 새벽바다는 엄마처럼 열리는데

속살을 드러내는 수줍음도 없이
젖가슴 열어젖히고 아이에게 젖을 먹인다.
통 통 통, 통통

희멀끔하게 밝아오는 새벽에
구름 이불 개고
일어날 채비를 서두는데
바다는 너울너울 춤추며 옷을 벗는다.

삶을 낚으려는 어부는
바다를 잡으려나,
조용히 시작되는 새날은 흥겨운 노래로
하루의 문을 연다.

—「새벽바다를 여는 어부」 전문

하나님은 하늘에 계시는 것이 아니라 사람과 함께 계신다. 그냥 기도를 받으며 계시는 것이 아니라 어장으로 출항하는 배를 위하여 어둠을 밀어내고 계시었다. 하나님의 존재가 추상이 아니라 새벽바다에서 일터로 나가는 우리 사람과 같은 모습으로 나타나 있다. 엄마의 젖가슴같이 속살 열리는 구시포. 무슨 부끄러움이 있으랴. 어부들의 생명줄이 되어 어린아이에게 젖을 먹이듯 일용할 양식을 주시는 하나님은 어부의 곁에 있었다.

하늘과 바다와 사람이 함께 살아가는 구시포는 시적화자의 신성한 노동이 이루어지는 공간이다. 자연과 인간이 조화를 이루며 살아가는 삶의 마당이며, 대화합을 이루는 오케스트라 공연장이다. 그 지휘자는 하나님이다. 새벽이 밝아오면 구름은 이불을 개고 어부의 길을 열어준다. 바다도 너울너울 춤을 추며 어둠의 옷을 벗는다. 통 통 통, 통통 바다로 나가는 어부들의 흥겨운 노랫소리로 하루의 문이 열리는 구시포. 그 공연장에서 시적화자는 우주가 하나가 되는 소리를 듣는다. 그 하모니 속에 노를 젓는 뱃사공의 수고로움도 하나가 되어 신성한 노동의 시간이 열리는 것이다. 이수 시인의 크고 넓은 인생관이 시 속에 평화롭게 일렁인다.

第6부 「사람들의 이야기」에서 시인은 이렇게 말하고 있다. "당신이 만일 외롭다면 시를 쓰지 마세요. 시에는 시인을 사르는 불꽃이 있어요. 더 많이 외롭게 하는." 역설과 반어가 극치를 이루고 있다. 시인 이수는 끝내 시인으로 돌아가고자 한다. 시인은 시로써 자신을 말한다. 시인을 사르는 불꽃은 시인만이 볼 수 있다. 불꽃에 자신을 사르는 행위는 시 속에 자신을 투영시키는 행위이며 자신을 찾기 위한 몸부림이다. 시에 대한 끝없는 도전과 애정을 멈추지 못하고 기도하며 흐느끼는 모습을 보는 것 같아 슬픔이 고여온다.

이수 시인을 보며 나는 카타르시스를 느낀다. 자신을 살라 남에게 빛을 주는 시인. 인간적이어서 슬픈 시인. 그러나 아름다운 시인을 본다.

진흙으로 나를 빚었던 창조주가
당신도 빚었으니
당신과 나는 진흙 한 덩어리

홍수 같은 험한 세상 물살 휘몰아
당신과 나 허물려 해도
우리는 이리저리 섞여 한통속이 되었지요

내 진흙 속에 당신 진흙이 있고
당신 진흙 속에 내 진흙이 있으니
우리는 하나입니다.

당신은 내 뼈 중의 뼈
내 살 중의 살
나눌 수 없는 한몸
당신 있으매 내가 있는

나 진흙으로 돌아간다 해도
하나였던 당신 몸짓 잊을 수 없으니
천국에서도 하나일 것입니다.

─「부부 연가戀歌」 전문
─ 구약성서 창세기 2:18-24를 읽고

가슴이 뭉클해지며 숙연한 느낌이 전해온다. 사랑의 전율이 이런 것일까? 하늘에서 복음처럼 울려 퍼지는 찬가가 들려오는 듯하다. 세상에는 수많은 사랑의 헌시가 있지만 이처럼 진실하고 웅숭깊게 가슴으로 전해오는 시가 있을까? 시인은 이 시에 '구약성서 창세기 2:18-24를 읽고'라는 부제를 붙였다. 창조주가 인간을 창조하실 때 진흙으로 빚었으니 나의 본체도 진흙이고 당신도 진흙이라는 이야기다. 흙이 빛이 되고 생명이 되어 인간으로 탄생되는 성경의 말씀이 한 편의 시로 승화되어 아름다운 율동으로 전해온다. 근엄하고 경건한 하나님의 말씀을 하늘빛과 물빛과 바람소리를 닮은 시의 언어로 환치시키는 작업이야말로 복음을 전파하는 일만큼이나 고귀한 일이다. 그 일을 하나님에게 고백하지 않아도 죄가 되지 않고 인간에게 숨겨도 부끄러운 일이 아니다.

더욱이 이 시가 가슴으로 울려오는 것은 부부의 사랑 이야기를 넘어서 인간의 사랑으로 의미를 확장시킨 데 있다. 큰물이 지면 물살을 따라 진흙은 이리저리 쓸려 다니다 서로 뒤섞여 한 몸이 된다. "내 진흙 속에 당신 진흙이 있고 / 당신 진흙 속에 내 진흙이 있으니 / 우리는 하나입니다."라고 말을 한다. 우주 속에 인간을 껴안고 살고자 하는 시인의 인생관이 여기에 더욱 극명하게 나타나 있다. 그 사랑의 아름다움은 한 차원의 경지를 지나 "당신은 내 뼈 중의 뼈 / 내 삶 중의 삶"이라고 말함으로써 고귀한 사랑의 의미가 무엇인가를 진실하게 전해주고 있다. 내가 있어 당신이 있는 것이 아니라 당신이 있어 내가 뼈를 세워 일어설 수 있으니, 이 말이 바로 종교에서 말하는 박애주의가 아니고 무엇이겠는가?

이 시의 마지막 연은 이 시집을 낸 저자가 목회자이며 시인이라는 변할 수 없는 사실을 알려주는 대목이다. 진흙이 섞이어 같은 인간으로, 부부로 태어나는 것처럼 목사 송달웅은 시인 이수로도 태어나고, 이수는 목사 송달웅으로도 태어난 것이다. 「부부 연가」는 목회자와 시인으로 태어난 자신의 모습이며, 숙명적으로 부를 수밖에 없는 자신의 노래인지도 모른다. 창조주께서 인간을 흙으로 만드셨으니 진흙처럼 서로 섞이어 살다가 죽어 흙으로 돌아가는 모습은 목회자와 시인으로 살다가 하나님의 나라로 가기를 염원하는 한 인간의 마음인 것이다.

3. 풀벌레와 만남

이 글을 마치면서 나는 공자의 '사무사思無邪'를 다시 생각한다. '사무사'는 풀벌레의 울음이다. 그 울음이 왜 맑고 깨끗한가를 나는 시 백사십여 편에서 보았다. 고뇌하고 기도하지 않으면 어찌 풀벌레의 울음이 나올까? 마디마디 시편 속에 이수以脩라는 인간의 무늬가 손금처럼 새겨져 있다. 멍이 들어야 슬픈 것은 아니다. 울면서 날을 밝히는 풀벌레는 투명해도 슬프다. 풀벌레는 제 몸이 투명해지기를 바라지 않는다. 바람과 풀꽃과 나무들이 그의 울음에 울력을 주는 친구들이다. 그들이 있어, 그들 곁에서 울며 밤을 지새우다 보면 저절로 투명해지는 몸. 풀벌레는 겨울밤에도 잠자지 않고 별과 우주 사이를 지나는 바람을 생각하며 기도하며 시를 쓸 것이다.

내가 이수님을 만난 것은 기쁨이고 행복이었다. 그러나 학문의 길이 미천한 사람이 금과옥조와 같은 그분의 시를 언급한다는 것은 시작부터 잘못이었다. 행여 이 글이 이수님의 고귀하신 삶에 누가 있다면 너그러이 용서해주시기를 바랄 뿐이다. 이수님의 글이 빛과 소금이 되라고 두 손을 모은다.

이수 시집

이슬을 먹고 자란 풀벌레는 투명하다

인 쇄 / 2008년 12월 5일
발 행 / 2008년 12월 10일

지은이 / 이 수
발행인 / 서 정 환
발행처 / 신아출판사

출판등록 / 1984년 8월 17일 제28호
주 소 / 전주시 완산구 태평동 351-30
전 화 / (063) 275-4000, 252-5633
팩 스 / (063) 274-3131
E-mail / shina321@chol.com

값 8,000원

ISBN 978-89-5925-497-2 03810